汉语

篇章

基础
教程

HAN YU
PIAN ZHANG JI CHU JIAO CHENG

聂仁发

——

编 著

ZHEJIANG UNIVERSITY PRESS
浙江大学出版社

前　言

语文能力包括"听""说""读""写"四个方面，其中"听""读"是理解能力，"说""写"是表达能力，"听""说"是口语能力，"读""写"是书面语能力。

对于一个正常的孩子来说，"听""说"能力无须专门学习，可以自然习得。这是人类进化出的一种生存能力，是自然本能。

"读""写"能力是高层次语文能力，要通过学习、训练才能获得。提升"读""写"能力是语文教育的一个重要任务。形容一个人说话水平高，叫"出口成章"，这是拿书面语能力衡量口语能力。书面语能力提高了，运用到口语上，口语能力也能得到提高。

我们怎样获得和提高"读""写"能力呢？老话说，"读书百遍，其义自见。"又说，"读书破万卷，下笔如有神。"指的都是通过反复、大量的阅读来提高理解和表达能力。这是经过实践验证了的。但是，读得多也有可能还是写不好。这也是事实。

比较而言，"写"比"读"难得多。"读"是被动的，"写"是主动的，只有掌握了文章规律才能写好文章。写作能力提高了，知晓文章的奥妙，阅读能力也会得到提高。语文教育中常常用作文衡量学生的语文水平，这是有些道理的。

历来有人总结"读""写"经验。这些经验能有效地提高语文学习效率，受到学习者重视。然而，世易时移，语言在变，文章在变，认识在深化，篇章知识也需要更新。本教材提供比较系统的篇章知识及理论方法，目的也在于提高语文学习效率。

必须指出的是，语文教育的目的是提高语文能力。知识转化为能力要经过反复训练，不能指望通过记住一些知识点来提高语文能力。同时，篇章现象是非常复杂的，也不能指望通过一两本教材解决所有问题。学习者在学习与训练中应尊重篇章实际。这才是篇章学习的正确方式。

目　录

第一章 绪 论

学习要点

理解篇章的目的性、有序性、情境性特征，并能结合具体篇章进行分析。掌握各篇章单位（句子、句群、段落、篇）的内涵及外延。了解篇章研究的文章学方法和语言学方法。

一、篇章的性质

（一）篇章是什么

在汉语里，"篇""章"有不同的含义。"篇"是首尾完整的文章，"章"指文章的段落。"篇章"合用，泛指文章，如"篇章结构""篇章段落"等。比较而言，"文章"是一个通俗的说法。

文章是书面交际的产物。与口头交际比较，文章可以传播久远，影响更大。魏文帝曹丕《典论·论文》说："盖文章，经国之大业，不朽之盛事。"

为什么要写一篇文章？除了内容重要，须郑重其事外，还有交际上的原因。从表达的角度来看，一句话也能表达一个观点，但文章可以表达得更周详一些。从理解的角度来看，文章可以替读者设身处地，使观点更容易被接受。

写文章看起来是自说自话，把自己的意思表达清楚就行了。其实不然。有些事情对作者来说是司空见惯的，但对读者来说可能是陌生的，需要介绍。有些事情对作者来说是新鲜的，但对读者来说可能是常识，要坚决舍弃。文章既要考虑读者需求，也要考虑读者的接受能力，还要考虑读者心理。

可见，文章实际上是在作者主导下，作者与读者互动的产物。理解一篇文章既要看作者写了什么，还要看作者是怎么写的。

（二）篇章特征

篇章有三个特征：目的性、有序性和情境性。

其一，目的性是篇章的功能特征。文章不是拉家常，不能东一句西一句离题万里。即使要曲折迂回，也一定是为主题服务的。主题是文章的目的，同时也是文章价值之所在。从文章组织来看，主题还是内容的统帅，内容围绕主题展开。材料的选择和详略，层次的安排，都要从全局来考虑，要密切扣紧文章的主题，做到不蔓不枝。主题保证文章是一个统一体，没有主题就不成一篇文章。

其二，有序性是篇章的结构特征。有序性体现在篇章的连贯与层次上。篇章连贯有邻近句的连贯，还有整体上的连贯，如首尾照应。篇章也不是在同一平面上线性展开的，篇章结构具有层级性特点，篇是最高层，其下还有段落、句群、句子等，其间按照一定表达关系组织起来。

其三，情境性是篇章的认知特征。情境性表现为篇章是不自足的，具有语境依赖性。一是篇章信息是不完整的，需要语境来补充。二是篇章要同语境建立联系，才能获得内容。文章以读者共识为基础，读者阅读文章时会自动补充共识，从而理解作者的意图。读者也有个人经验和知识背景，会聚焦自己关注的内容。鲁迅说《红楼梦》："单是命意，就因读者的眼光而有种种：经学家看见《易》，道学家看见淫，才子看见缠绵，革命家看见排满，流言家看

见宫闱秘事……"（《集外集拾遗补编·〈绛洞花主〉小引》）

篇章特征是篇章研究的出发点和最后归宿。

二、篇章单位

篇章单位指的是篇章结构单位。刘勰《文心雕龙·章句》说："积句而成章，积章而成篇。""句"是最小的单位，"篇"是最大的单位。"句"不直接组织成"篇"，还有中间单位。中间单位有大有小，还有层次，单用一个"章"较难概括。其中最小的，由句子直接组成，称为句群。篇以下，还有段落。篇章分析的一个重要内容就是明确篇章单位及其关系。

（一）句 子

句子是最小的篇章单位。一个句子通常有一个表达重点，称为焦点。句子的焦点常常在句子末尾，也可以通过语音、语法、修辞手段加以改变。句尾有句号、问号、叹号等，表示句子的语气。

句子有单句和复句两种。单句由一个小句构成。复句包含两个或以上小句，称为分句。分句通过句间关系联系起来，集中表达一个意思。例如：

（1）鲁迅是中国文化革命的主将。

（2）他不但是伟大的文学家，而且是伟大的思想家和伟大的革命家。

例（1）为单句。例（2）为一个两小句组成的复句，其焦点在后一个小句。单个句子容量相对较小，多用来组成句群。也有个别句子游离在句群之外。例如：

3

（3）呜呼，我说不出话，但以此记念刘和珍君！

（鲁迅《记念刘和珍君》）

这句话对文章前面内容发表议论，是一种功能句。

（二）句　群

句群也叫句组，或称语段，是前后衔接连贯的一组句子。一个句群有一个明晰的中心意思。句群除了有中心，还要连贯，有层次，相当于一个微型篇章。

①那是力争上游的一种树，笔直的干，笔直的枝。②它的干通常是丈把高，像加过人工似的，一丈以内绝无旁枝。③它所有的丫枝一律向上，而且紧紧靠拢，也像加过人工似的，成为一束，绝不旁逸斜出。④它的宽大的叶子也是片片向上，几乎没有斜生的，更不用说倒垂了。⑤它的皮光滑而有银色的晕圈，微微泛出淡青色。

（茅盾《白杨礼赞》）

这是由五个句子组成的一个句群，从干、枝、叶、皮四个方面细致描写了白杨的外貌。第①句是引子，引起下文，同时也概括了句群的中心意思。

最小的句群包含两个句子。几个小句群可以组成一个较大的句群。从单个句子发展成一个句群，从简单句群发展到复杂句群，其间有篇章结构规律，是句群分析的重点。

（三）段　落

段落是根据整体内容划分而成的部分。每个段落有单一、完整的意思。

与句群类似，段落也有中心，要连贯，有层次。句群是由小单位组成的大单位，着眼内部结构；段落是从大单位划分出的小单位，侧重外部关系。句群和段落在篇章中有可能重合。

①旧历的年底毕竟最像年底，村镇上不必说，就在天空中也显出将到新年的气象来。②灰白色的沉重的晚云中间时时发出闪光，接着一声钝响，是送灶的爆竹；近处燃放的可就更强烈了，震耳的大音还没有息，空气里已经散满了幽微的火药香。③我是正在这一夜回到我的故乡鲁镇的。④虽说故乡，然而已没有家，所以只得暂寓在鲁四老爷的宅子里。⑤他是我的本家，比我长一辈，应该称之曰"四叔"，是一个讲理学的老监生。⑥他比先前并没有什么大改变，单是老了些，但也还未留胡子，一见面是寒暄，寒暄之后说我"胖了"，说我"胖了"之后即大骂其新党。⑦但我知道，这并非借题在骂我：因为他所骂的还是康有为。⑧但是，谈话是总不投机的了，于是不多久，我便一个人剩在书房里。

（鲁迅《祝福》）

此段为鲁迅《祝福》第一段，由八个句子组成。前三句是一个句群，中心为"我"故乡的年底景象。第四句过渡。五到八句为另一个句群，写"我"见鲁四老爷的情景。全段渲染旧历年底鲁镇的热烈氛围，引出鲁四老爷这个人物，交待故事背景。

段落是结构成分。此段在全篇中的作用，一方面是总起全文，另一方面要为下文作铺垫。

最大的段落是文章的"部分"，部分及其间的关系体现文章的宏观结构。分析宏观结构是理解文章的基本门径。

（四）篇

篇即成篇的文章，是最大的篇章单位。也称篇章。

篇章是书面交际形式。根据交际场合、对象、目的的不同，篇章有不同的文体，比如消息、调查报告、散文、演讲稿、论文等。各种文体有体现其交际特点的结构模式、表达方式和语言风格等。这些也是篇章研究的重要内容。

篇章结构有主题结构和功能结构之分。主题结构用来表现主题，是作者的观点和发现。功能结构是文章功能的体现，根据读者的阅读心理选择合适的排文布局，以达到更好的效果。

开头和结尾属于篇章成分，它们是文章的边界，沟通文章与读者，具有成篇的功能。

三、篇章研究

汉语篇章研究历史悠久。先后有文章学和语言学两种研究范式。

古代文章学发端于先秦，兴盛于魏晋南北朝。南朝刘勰《文心雕龙》规模宏大，系统全面，是一部划时代的著作。二十世纪初白话文运动之后，现代文章学随即兴起。夏丏尊、叶圣陶《文心》涉及语言、文章构成、文体、阅读鉴赏、写作等方面，深受读者欢迎。二十世纪八十年代，文章学再次复兴，并逐渐形成本体论、写作论、阅读论"一体两翼"的学科体系。其中的写作学已列入高等学校课程体系。

二十世纪二十年代，黎锦熙《新著国语文法》首次把语言学方法延伸到篇章分析。其后，篇章的语言学研究蓬勃发展，从句群研究逐步扩展到段落、篇章研究，形成了汉语篇章语言学。

篇章语言学主要采用结构主义语法分析方法——确定单位、划分层次、明确关系、归纳手段等，所以又称为篇章语法。吴启主《汉语构件语篇学》是典型的篇章语法。此外，语言学也关注一些传统文章学内容，比如文体、语体、表达方式等，希望把这些内容落实到语言上。

　　比较而言，文章学内容广泛，凡是与文章有关的，都是其关注的对象。篇章语言学更多地关注篇章本身。文章学是实践经验的总结，经验性、实践性很强。篇章语言学运用语言学理论方法，理论性、系统性突出。不管是哪种研究范式，都是研究篇章现象，为的是揭示篇章规律，提高书面语言运用能力。

思考题

　　一、怎样理解篇章是"作者与读者互动的产物"？
　　二、句群与段落关系如何？
　　三、篇章研究对语文教学有何意义？

实践题

　　一、选一篇文章，认识其目的性、有序性和情境性特征。
　　二、查阅文献，了解汉语篇章研究的简要历史。

第二章　句　群

第一节　句群的性质

学习要点

掌握句群的性质，了解句群在篇章中的地位。理解句群与复句、自然段的关系。能对一个完整篇章进行句群识别，并说明识别的依据。

一、什么是句群

句子是最小的表达单位。句子容量小，内容少，常常需要聚集成群，表达一个比较完整的意思。这就是句群。

句群是内部有序、外部统一的一组句子，也称为句组、语段。所谓"一组句子"，即句群是由两个或两个以上的句子构成的语言单位。"内部有序"指的是句子间具有清晰的意义关联。"外部统一"指的是句群有一个明确的中心意思，意义完整。例如：

①世界上万事万物都永远在那儿运动、变化、发展，语言也是这样。②语言的变化，短时间内不容易觉察，日子长了就显出来了。③比如宋朝的朱熹，他曾经给《论语》做过注解，可是假如当孔子

正在跟颜回、子路他们谈话的时候，朱熹闯了进去，管保他们在讲什么，他是一句也听不懂的。④不光是古代的话后世的人听不懂，同一种语言在不同的地方经历着不同的变化，久而久之也会这个地方的人听不懂那个地方的话，形成许许多多方言。

（吕叔湘《语文常谈·古今言殊》）

　　这四个句子前后连贯，层次关系清晰。第①句提出语言是发展变化的，第②句略有转折：这种变化比较缓慢。第③④句分别举例说明语言在时间、空间上的变化。其间关系与层次是：①‖(转折)②|(例证)③‖(并列)④。这组句子有一个中心意思，即语言在缓慢发展变化。

　　判断句群不能只看内部，还要看外部关系。比如上面②③两句单独拿出来也有意义关系，后者以实例说明前者，中心意思也是语言在缓慢变化：

　　语言的变化，短时间内不容易觉察，日子长了就显出来了。比如宋朝的朱熹，他曾经给《论语》做过注解，可是假如当孔子正在跟颜回、子路他们谈话的时候，朱熹闯了进去，管保他们讲什么，他是一句也听不懂的。

　　但原文中②③不在一个层次上，不是一个句群。

二、句群的特点

　　与复句、自然段、篇章进行比较，句群有以下特点。

（一）句群包含两个或两个以上的句子

这是句群与复句的不同。复句是由两个或两个以上在意义上密切相关、结构上互不包含的小句所构成的句子。复句是一个句子，其分句作为组成部分，不具有独立性。而句群至少有两个句子，每个句子具有独立性，各有表达焦点。比较：

（1）风停了。雨住了。树木冲洗得那么干净。池子里的水又平静得像一面镜子。

（2）风停了，雨住了。树木冲洗得那么干净，池子里的水又平静得像一面镜子。

例(1)四个句子分别说了四件事，例(2)概括为两件事。用复句还是句群与表达意图有关，分开可以分别凸显，合拢则整合为一体。再如：

（1）辛巴回归，但江湖已不是那个江湖。
（2）辛巴回归了。但江湖已不是那个江湖。

例(1)重点表达江湖变化，例(2)则分别说了两件事。复句分句联系紧密，常用关联词语连接。句群有时也在后续句中使用关联词语，但通常不成对使用。例如：

（1）<u>虽然</u>是封建婚姻，第一次见面<u>却</u>是在结婚之前。

（孙犁《亡人逸事》）

（2）翠翠一面注意划船，一面心想"过不久爷爷总会找来的"。<u>但</u>过了许久，祖父还不来，翠翠便稍稍有点儿着慌了。

（沈从文《边城》）

某些关联词语只用于复句，如"不但、既然、与其、尚且"等。某些关联词语则只用于句群，如"总而言之、一言以蔽之、另外、此外、比如说、归根结底"等。

（二）句群有一个中心意思

与自然段相比，句群是有中心意思的比较完整的意义单位。自然段则是由一个较大的停顿分割开来的视觉形式，二者性质不同。句群可以利用自然段形式，一个句群一个自然段。也可以几个句群一个自然段。还可以把一个句群分成几个自然段。例如：

吃人的是我哥哥！

我是吃人的人的兄弟！

我自己被人吃了，可仍然是吃人的人的兄弟！

（鲁迅《狂人日记》）

这3个自然段是一个句群。自然段的分段通常采用换行退格形式，实际上就是一个大一点的标点符号。

（三）句群是篇章基本单位

句群是篇章基本单位，有篇章的一些特点，如内部有序，前后连贯且有层次。但句群是句子上面的一级结构单位，不宜无限扩大。例如：

①还是在二次战役的时候，有一支志愿军的部队向敌后猛插，去切断军隅里敌人的逃路。②当他们赶到书堂站时，逃敌也恰恰赶到那里，眼看就要从汽车路上开过去。③这支部队的先头连——三连就匆匆占领了汽车路边一个很低的光光的小山冈，阻住敌人。④一场

壮烈的搏斗就开始了。⑤敌人为了逃命，用了32架飞机、10多辆坦克发起集团冲锋，向这个连的阵地汹涌卷来。⑥整个山顶的土都被打翻了。⑦汽油弹的火焰把这个阵地烧红了。⑧但是，勇士们在这烟与火的山冈上，高喊着口号，一次又一次把敌人打死在阵地前面。⑨敌人的死尸像谷个子似的在山前堆满了，血也把这山冈流红了。⑩可是敌人还是要拼死争夺，好使自己的主力不致覆灭。⑪这场激战整整持续了八个小时。⑫最后，勇士们的子弹打光了。⑬蜂拥上来的敌人占领了山头，把他们压到山脚。⑭飞机掷下的汽油弹把他们的身上烧着了火。⑮这时候，勇士们是仍然不会后退的呀，他们把枪一摔，身上帽子上呼呼地冒着火苗，向敌人扑去，把敌人抱住，让身上的火，也把占领阵地的敌人烧死。……

（魏巍《谁是最可爱的人》）

这段话有15个句子，也有一个中心意思，即书堂站战斗。很显然，这段话还可以切分。①至③为战前情况，④以后为战斗经过。后者还可以切分为战斗中间（即④至⑪）和战斗尾声。从意义上看，这几种切分都有道理。

要注意的是，第④句"一场壮烈的搏斗就开始了"和第⑪句"这场激战整整持续了八个小时"是衔接性句子。作者是把这场战斗分成三个部分来记叙的，分成3个句群比较合适。

思考题

一、什么是句群？句群有哪些特点？

二、简要说明句群与复句、自然段的区别。

三、有些关联词语仅用于复句，而另一些关联词语仅用于句群。它们各有什么特点？

实践题

　　一、选一篇文章，逐个划分其中的句群，总结识别句群的方法。

　　二、从上文中选择几个句群和复句进行相互转换，试比较转换前后表达上有何不同？

第二节　句间关系

学习要点

　　了解句间关系的分类依据，掌握常见的句间关系类型，能够分析多重句群的层次及句间关系。

一、句间关系的分类依据

　　从一个句子扩展为一组句子，句子之间要有联系。这种联系与所表达内容有关。总体上看，表达的内容包括三个方面——现实现象、心理认知和言语解说，其句间联系有所不同。表达现实现象的，通常遵从现象的自然顺序，包括时间、空间等。例如：

　　十点，江面渐趋广阔，（"江津"号）急流稳渡，穿过了巫峡。十点十五分至巴东，已入湖北境内。十点半到牛口，江浪汹涌，把船推在浪头上，摇摆着前进。江流刚出巫峡，还没来得及喘息，却又冲入第三峡——西陵峡了。

（刘白羽《长江三日》）

表达心理认知的，常常遵从逻辑、心理顺序，包括并列、因果、转折等。例如：

现在的中国人民政治协商会议是在完全新的基础之上召开的，它具有代表全国人民的性质，它获得全国人民的信任和拥护。<u>因此</u>，中国人民政治协商会议宣布自己执行全国人民代表大会的职权。

（毛泽东《中国人民站起来了》）

表达言语解说的，句子之间往往互相说明，包括换言、例说等。例如：

单独游戏时，动物常常兴高采烈地独自奔跑、跳跃，在原地打圈子。<u>例如</u>，马驹常常欢快地连续扬起前蹄，轻盈地蹦跳；猴类喜欢在地上翻滚，拉着树枝荡秋千……

（周立明《动物游戏之谜》）

根据表达内容上的差异，句间关系可以分为三大类，即事理关系、认知关系和言说关系。事理关系就是现实现象本身具有的关系，认知关系是作者对现实现象各种关系的认识，言说关系是在语言上面做出的解释说明。

三类关系分别处在现实、认识和言语层面。它们是可以同时存在的。例如：

在这些时候，我可以附和着笑，掌柜是决不责备的。<u>而且掌柜</u>

见了孔乙己，也每每这样问他，引人发笑。

（鲁迅《孔乙己》）

　　这个句群包含两个句子，描述同时存在的两个现实现象，这是事理关系。同时，作者用"而且"连接两个句子，即认为后一个现象比前一个进了一层，这是认知关系。比较这两种关系，认知关系与作者表达意图相联系，是更直接的。关联词"而且"的使用也是为了突出作者的意图。相比之下，事理关系是隐藏的，或者说被压抑了。再如：

　　等我们把这个简单的家布置定了以后，这才想到钱已不够，承德是在中学里教书，收入只够他自己零用，鸣斋先生想要再做生意，但他把过去的光阴大都花在寻房屋及家中一切琐碎上，竟不知道市面情形已大不同了。<u>换句话说</u>，便是他的这些钱，现在已经少得可怜，要想当资本运用是不可能的了。

（苏青《歧路佳人》）

　　这个句群包含两个句子，其间有逻辑关系，前者是原因，后者是结果。另一方面，后者又是前者的重述，只是更直截了当一些。这属于言说关系。言说关系体现了作者的表达意图，"换句话说"突出了这一点。

　　判断句间关系要紧密联系表达意图，体现表达意图。这种句间关系也可称为表达关系。上述三类关系，言说关系的表达意图最明确，认知关系次之。事理关系反映现实现象间的关系，表达意图相对不清晰。如果同时存在两种甚至三种关系，从表达角度来看，言说关系高于认知关系，认知关系高于事理关系。

　　关系词语是表达意图的显性标志，尤其需要注意。如果没有关

15

系词语，可以在不改变表达意图的情况下添加关系词语，以明确句间关系。

二、常见的句间关系

上述三类表达关系是很概括的，还可以进一步细分。常见的句间关系有以下一些：

（一）事理关系

1. 时间关系

事件有一个发生发展过程，在时间上展开。有的时间比较精确，有客观尺度，比如上面《长江三日》的例子。有的时间具有相对性，表现为时间序列。例如：

看见的人报告说，河里面上午就泊了一只白篷船，篷是全盖起来的，不知道什么人在里面，但事前也没有人去理会他。待到祥林嫂出来淘米，刚刚要跪下去，那船里便突然跳出两个男人来，像是山里人，一个抱住她，一个帮着，拖进船去了。祥林嫂还哭喊了几声，此后便再没有什么声息，大约给用什么堵住了罢。接着就走上两个女人来，一个不认识，一个就是卫婆子。窥探舱里，不很分明，她像是捆了躺在船板上。

（鲁迅《祝福》）

有的时间则相当概括，只有一个先后。例如：

从前，当我们讨论"科学是双刃剑"时，人们关心的仅仅是人类的敌人可能也会挥起这柄剑，如希特勒。现在，问题变得复杂起来，一方面这群人类公敌依然存在（如生物恐怖主义者），另一方面是无法从现有的国际法、一国之法来判定非法的行为。

（杨焕明《人类基因组计划及其意义》）

同时发生的事件，其间也是一种时间关系。例如：

那时一个伙计跨过船来，拿着摊开的歌折，就近塞向我的手里，说，"点几出吧！"他跨过来的时候，我们船上似乎有许多眼光跟着。同时相近的别的船上也似乎有许多眼睛炯炯的向我们船上看着。

（朱自清《桨声灯影里的秦淮河》）

2. 空间关系

事物在空间中存在，是立体的。语言是线性的，需要借助空间方位词语表明空间关系。例如：

碑身东西两侧上部，刻着以红星、松柏和旗帜组成的装饰花纹，象征着先烈们的革命精神万年长存。小碑座的四周，雕刻着以牡丹花、荷花、菊花等组成的八个大花圈，这些花朵象征着品质高贵、纯洁，表示全国人民对英雄们的永远怀念和敬仰。碑顶是民族传统的建筑形式，是上有卷云下有重幔的小庑殿顶。

（周定舫《人民英雄永垂不朽》）

（二）认知关系

1. 并列关系

罗列几个相关的事项，或一个事项的几个方面。例如：

凡属我应该做的事，而且力量能够做得到的，我对于这件事便

17

有了责任。<u>凡属</u>我自己打主意要做一件事，便是现在的自己和将来的自己立了一种契约，便是自己对于自己加一层责任。

（梁启超《最苦与最乐》）

这几个句子使用了相同的结构形式。典型的罗列关系几个句子可以颠倒次序。但罗列的事项常常有主次轻重之别，因而不能随便交换位置。例如：

水、火、虫子、战争、时间等等，它们都是绘画的敌人。<u>除此之外</u>，绘画的最大的敌人，是那些买画的人，是那些藏画的人，是那些使绘画成为私有财产的收藏大家。

（徐迟《祁连山下》）

2. 对照关系

相似的两个事项放在一起可以突出其相似点，不相似的放在一起可以突出其差异。例如：

如果一个人能看出当前，即显而易见的差别，比如，能区别一枝笔与一头骆驼，我们不会说这个人有了不起的聪明。<u>同样</u>，另一方面，一个人能比较两个近似的东西，如橡树与槐树，或寺院与教堂，而知其相似，我们不能说他有很高的比较能力。我们所要求的，是要能看出异中之同和同中之异。

（黑格尔《小逻辑》）

我在这里也并不想对于"送去"再说什么，否则太不"摩登"了。我只想鼓吹我们再吝啬一点，"送去"之外，还得"拿来"，是为"拿来主义"。

（鲁迅《拿来主义》）

3. 因果关系

一个句子表示原因，一个句子表示结果。按照原因、结果的相对位置，因果关系可以分为释因和纪效两类。例如：

和中路军所遇敌情一样，我西路军当面之敌亦纷纷溃退，毫无斗志，我军所遇之抵抗，甚为微弱。此种情况，一方面<u>由于</u>人民解放军英勇善战，锐不可当；另一方面，<u>这</u>和国民党反动派拒绝签订和平协定，<u>有很大关系</u>。

（毛泽东《人民解放军百万大军横渡长江》）

这里第二个句子表明原因。下面的第三个句子表明结果：

北宋时期，商业手工业迅速发展，城市布局打破了坊与市的严格界限，出现空前的繁荣局面。北宋汴梁商业繁盛，除贵族聚集外，还住有大量的商人、手工业者和市民，城市的文化生活也十分活跃。<u>由此</u>，绘画的题材范围在反映现实生活方面得到了极大的拓展，从唐代以描绘重大历史事件和贵族生活为主，扩展到描绘城乡市井平民生活的各个方面。

（毛宁《梦回繁华》）

4. 递进关系

递进关系的句子之间具有层递关系。即后面句子在某个方面比前面句子更进一层。例如：

我们中国数学史的惊人之篇——八卦，至今还被西欧许多国家供奉在神殿和寺庙里。<u>并且</u>，我们从八卦图中已经找到了"优选法"的影子，找出了广泛应用于电子计算机的二进位算法。

（贺红《数学的光彩》）

说到了牵牛花，我以为以蓝色或白色者为佳，紫黑色次之，淡红者最下。<u>最好</u>，还要在牵牛花底，教长着几根疏疏落落的尖细且长的秋草，使作陪衬。

（郁达夫《故都的秋》）

5. 转折关系

前面句子表达了某种预期，后面的句子与预期不符。常常使用"但是、可是、但、可、然而、不过、只是"等关系词语。例如：

包弟送走后，我下班回家，听不见狗叫声，看不见包弟向我作揖、跟着我进屋，我反而感到轻松，真有一种甩掉包袱的感觉。<u>但是</u>在我吞了两片眠尔通、上床许久还不能入睡的时候，我不由自主地想到了包弟，想来想去，我又觉得我不但不曾甩掉什么，反而背上了更加沉重的包袱。

（巴金《小狗包弟》）

我国的建筑，从古代的宫殿到近代的一般住房，绝大部分是对称的，左边怎么样，右边也怎么样。苏州园林<u>可</u>绝不讲究对称，好像故意避免似的。

（叶圣陶《苏州园林》）

（三）言说关系

1. 例证关系

常常使用"例如、比如、比方、如、以……为例、拿……来说"等关系词语。例如：

字有直指的意义，有联想的意义。<u>比如说</u>"烟"，它的直指的意义，凡见过燃烧体冒烟的人都会明白，只是它的联想的意义迷离不易捉摸，它可以联想到燃烧弹、鸦片烟榻、庙里焚香、"一川烟水"、"杨柳万条烟"、"烟光凝而暮山紫"、"蓝田日暖玉生烟"……种种境界。

（朱光潜《咬文嚼字》）

我国的石拱桥几乎到处都有。这些桥大小不一，形式多样，有许多是惊人的杰作。<u>其中</u>最著名的当推河北省赵县的赵州桥，还有北京丰台区的卢沟桥。

（茅以昇《中国石拱桥》）

2. 换言关系

常常使用"换句话说、这就是说、也就是说、意思是说"等关系词语。例如：

这个体系以木材结构为它的主要结构方法。<u>这就是说</u>，房身部分是以木材做立柱和横梁，成为一副梁架。

（梁思成《中国建筑的特征》）

地坛离我家很近。<u>或者说</u>我家离地坛很近。

（史铁生《我与地坛》）

换言关系与例证关系有<u>些</u>不同。例证关系是先说一个抽象的观点，再用具体的实例来说明，而换言关系是一种说法换为另一种说法，是语言表达上的一种交换。

3. 解说关系

后面的句子解释、说明前面的句子。例如：

大家都知道，泰山上有一个快活三里。意思是在艰苦的攀登中，忽然有长达三里的山路，平平整整，走上去异常快活，让爬山者疲惫的身体顿时轻松下来，因此名为"快活三里"。

（季羡林《牛棚杂忆》）

4. 分合关系

先总说后分说，或者反过来，先分说后总说，既有概括又有详述，共同把一个意思说清楚。例如：

一个作者力求掌握丰富的词汇和多样的句法和章法，目的是为了运用自如，能够把内容传达得准确而生动。把内容准确地表达出来，这是对文章形式的基本的要求。用词不妥帖，造句不合文法，行文缺乏条理、拖沓冗长，就会把意思弄得含混晦涩，令人费解甚至误解。在准确之外，还要求文章写得生动。在辞章拙劣的文章中间，人们所读到的永远只是干瘪的词汇，刻板的句法、章法，即使这种文章把意思大体表达出来了，也会因为它语言无味，面目可憎，而拒人于千里之外，使人不愿意亲近。所以古人说："言之无文，行而不远。"

（施东向《义理、考据和辞章》）

需要指出的，表达关系是纷繁复杂的。上面只是列举了比较常见的。遇到新的类型，先要试着归入事理关系、认知关系或言说关系大类。然后考虑与次级类型的关系，或增设次类，或在某一次类下增设小类。

三、句间关系的层次

最简单句群只包含两个句子、一个结构层次，一些复杂句群可能包含两个或以上的结构层次，这是多重句群。

对于多重句群要善于抓住标志，化繁为简，逐层进行剖析。首先看句群里有多少个句子，再确定这些句子之间的结构层次，最后分析句间关系。例如：

> 早在13世纪，卢沟桥就闻名世界。‖ (例证) 那时候有个意大利人马可·波罗来过中国，他的游记里，十分推崇这座桥，说它"是世界上独一无二的"，并且特别欣赏桥栏柱上刻的狮子，说它们"共同构成美丽的奇观"。| (并列) 在国内，这座桥也是历来为人们所称赞的。‖ (例证) 它地处入都要道，而且建筑优美，"卢沟晓月"很早就成为北京的胜景之一。
>
> （茅以昇《中国石拱桥》）

这个句群有两个层次，是二重句群。

> 设计者和匠师们因地制宜，自出心裁，修建成功的园林当然各个不同。‖ (转折) 可是苏州各个园林在不同之中有个共同点，似乎设计者和匠师们一致追求的是：务必使游览者无论站在哪个点上，眼前总是一幅完美的图画。| (因果) 为了达到这个目的，他们讲究亭台轩榭的布局，讲究假山池沼的配合，讲究花草树木的映衬，讲究近景远景的层次。‖ (分合) 总之，一切都要为构成完美的图画而存在，决不容许有欠美伤美的败笔。‖ (因果) 他们唯愿游览者得到"如在画图中"的美感，而他们的成绩实现了他们的愿望，游览者来到园里，没有一个不心里想着口头说着"如在画图中"的。
>
> （叶圣陶《苏州园林》）

这个句群有三个层次，是三重句群。

为什么我国的石拱桥会有这样光辉的成就呢？| (因果) 首先，在于

我国劳动人民的勤劳和智慧。‖(解说)他们制作石料的工艺极其精巧，能把石料切成整块大石碑，又能把石块雕刻成各种形象。‖(并列)在建筑技术上有很多创造，在起重吊装方面更有意想不到的办法。‖(例证)如福建漳州的江东桥，修建于800年前，有的石梁一块就有200来吨重，究竟是怎样安装上去的，至今还不完全知道。‖(并列)其次，我国石拱桥的设计施工有优良传统，建成的桥，用料省，结构巧，强度高。‖(并列)再其次，我国富有建筑用的各种石料，便于就地取材，这也为修造石桥提供了有利条件。

(茅以昇《中国石拱桥》)

这个句群有五个层次，是五重句群。

分析句群层次要有全局观，站在句群的整体角度看，不能站在局部，只看到前后两个句子。

思考题

一、句间关系的分类依据是什么？怎样理解事理关系、认知关系、言说关系？

二、如何对言说关系作进一步分类？

三、与复句关系比较，句群句间关系有什么特点？

实践题

一、分析下面句群的结构层次及句间关系。

（1）4点30分，面色凝重的彭定康注视着港督旗帜在"日落余音"的号角声中降下旗杆。根据传统，每一位港督离任时，都举行降旗仪式。但这一次不同：永远都不会有另一面港督旗帜从这里升起。4时

40分，代表英国女王统治了香港5年的彭定康登上带有皇家标记的黑色"劳斯莱斯"，最后一次离开了港督府。

（周婷、杨兴《别了，"不列颠尼亚"》）

（2）荔枝是亚热带果树，性喜温暖，遇到微霜，就会受害。所以成都、福州是它生长的北限。汉武帝曾筑扶荔宫，把荔枝移植到长安，没有栽活，迁怒于养护的人，竟然对他们施以极刑。宋徽宗赵佶时，福建"以小株结实者，置瓦器中，航海至阙下，移植宣和殿"。赵佶写诗吹嘘说："密移造化出闽山，禁御新栽荔枝丹。"实际上只是当年成熟一次而已。明代文徵明有《新荔篇》诗，说常熟顾氏种活了几株，"仙人本是海山姿，从此江乡亦萌蘖。"但究竟活了多少年，并无下文。现在科学发达，使荔枝北移，将来也许不是完全不可能的事。

（贾祖璋《南州六月荔枝丹》）

（3）什么是修辞？修辞就是在运用语言的时候，根据一定的目的精心地选择语言材料这样一个工作过程。无论说话，还是写文章，就是把语言材料组织起来，表达自己的思想感情，或者告诉别人一件事，说明一个问题，或者表示一个意见。语言材料很多，在表达的时候，有很大的选择余地。比如说，有个小孩很灵敏，很好玩，我很喜欢他。要把我对他的印象说出来，用什么词儿呢？用"灵""机灵""伶俐""很鬼""很有心眼儿"？或者用一般常说的"聪明"？这就有个选择，从中选一个最足以表示我对他的印象的说法。说一句话，可以有不同的说法，比如，可以说"这个小孩真聪明"，也可以说"这个小孩真不笨"，这又有所选择。"他心灵手巧，样样都行"，这句话很整齐；"他干什么都很出色，真行"，这句话不像上一句四个字四个字的，不整齐，但是也可以，也不错。我们可以很平实地说出对一个孩子的印象，"他举止动作活泼灵敏"，也可以打个比方，"这小孩真麻利，活像个小猴子"。这是随便举几个

25

例子，从用词到说一句话、一段话，这里边可以选择的方面很多很多。认真细致地选择，并且能很迅速地选出最需要、最适当的说法，就是修辞的能力。上面举的是日常生活中不关重要的话。说重要的话，讲重要的道理，发表重要的意见，也需要选择，越是内容重要，越需要选择。从这个意义上说，修辞很重要，应该具有这种能力。

（张志公《修辞是一个选择过程》）

二、选一篇文章，分析其中句群的结构层次与句间关系。

三、选择比较复杂的多重句群，打乱其句子先后次序，再重组为完整的句群。

第三节　功能句

学习要点

了解功能句的分类，理解各类功能句的作用，熟悉功能句在具体文章中的运用。

句群内外有一些相对独立的句子，在结构上或内容上比较特别，往往具有某种组织或表达作用，称为功能句。功能句大体上有两类，在句群中起组织作用的有起句、承句、结句，具有特殊表达作用的有中心句、插入句等。

一、起句、承句、结句

句群作为篇章的基本单位，有时有起句、承句、结句。下面是一个典型的句群：

①所谓准确性、表现力，不能单单从自己主观方面考虑。②语言是交际工具，有说的一方，有听的一方；有写的一方，有读的一方。③说的人、写的人不仅要考虑主观方面的目的，也要考虑客观方面的要求。④只有主客观统一，表达效果才会更好。⑤比如，你说一件事，听的人在工作很忙、时间很紧的情况下听，希望你简明扼要地说，这是客观的希望和要求。⑥在这种情况下，如果你左用一个比方，右用一个形容，希望自己说得生动形象，活灵活现。⑦你的主观愿望不能说不好，但是不符合客观的要求，效果就不好。⑧不论你的形象生动的语言选择得多么好，也达不到目的，作用会打折扣。⑨听的人性急，不耐烦，反而可能听不清楚，同你的主观愿望恰恰相反。⑩所以，选择语言材料，进行修辞工作，既要考虑主观，又要考虑客观，力求主客观的统一。

（张志公《修辞是一个选择过程》）

这个句群由10个句子组成。其中心意思是"进行修辞工作要力求主客观统一"，主题单一，内容完整。①句为起句，⑩句为结句。它们确立了这个句群的边界。

（一）起　句

起句也可以叫作提示句，交代句群表达的对象、范围或起点，引入话题。如：

当年我常去新市场。我在那儿看过梅兰芳的《宇宙锋》和《奇双会》，看过《黑奴》和《荒山血泪》，还看过沃尔顿的大变活人。孙怡云带着尚小云来演《二进宫》那一次，大舞台下至少有一万人。幸亏我在包厢里。那一次挤坏了好些人，还有死了的。

（邓一光《多年以前》）

"当年我常去新市场。"引出新市场的见闻，是句群的引子。这一类起句为下文的人物、事物、场景、事件的出现做了铺垫。

起句也可以同时表达该句群的中心意思，让读者一开始便明确该语言片段在讲什么。如：

将来的桥梁一定造得很美。一座桥的轮廓和组成部分，会安排得为大地生色，为江山添娇。桥的构件不再是现在的直通通的棍子，而是柔和的，有如花枝一般；它也不是头尾同样粗细，而是全身肥瘦相间的。各个构件都配搭成各种姿态，而且各有不同的色彩，把全桥构成一幅美丽的图画。桥上的人行道上还有小巧玲珑的亭台楼阁，让人们在这长廊中穿过时，"胜似闲庭信步"。

（茅以昇《桥梁远景图》）

"将来的桥梁一定造得很美。"一方面具有引领下文的作用，另一方面也表达句群的中心意思。而上一段话"当年我常去新市场。"不表达中心意思，纯粹是一个引子。

(二) 结 句

结句位于句群的最后，收束句群。如：

天津卫的买卖家多如牛毛。两家之间只要纠纷一起，立时就有

一种人钻进来，挑词架讼，把事闹大，一边代写状子，一边去拉拢官府，四处奔忙，借机接钱。<u>这种人便是文混混儿。</u>

（冯骥才《刘道元活出殡》）

"这种人便是文混混儿。"是对句群作结。有时结句会与起句相呼应，使句群更加完整。如：

当人们谈到书的时候，我们中国是可以自豪的。因为，中国是书籍的故乡。在世界上，是我们中国首先发明了纸和印刷术，使书获得了完美的形式，诞生了书，成为世界上书的伟大母亲，给人类创造了文明的摇篮，为世界文化做出了光芒永射的贡献。<u>谈到书，世界是不能不想到中国，不能不感激中国。</u>

（景克宁《书，知识的大厦》）

有的结句同时表达句群中心意思。如：

由于情况的变化，原来行之有效的方法，到了现在往往不灵了。正因为如此，如果你认为正确答案只有一个的话，当你找到某个答案以后，就会止步不前。<u>因此，不满足于一个答案，不放弃探求，这一点非常重要。</u>

（罗迦·费·因格《事物的正确答案不止一个》）

（三）承 句

起句有时还要照顾到上文，起着承上启下的作用。兼具承上作用的起句比较多，可以单列一类，称为"承句"。如：

"写不下去不要硬写，到生活中去，那里有丰富的创作源泉。"

廖希铂坐在办公室的那一头，突然这么对我说。

　　<u>廖希铂的话让我吃惊</u>。他坐在那里，手中捧着一杯刚沏的热茶，慢慢在品。茶是上好的茶，是苍条寻暗粒、紫蕚落轻鳞的蒙顶。诗人说，扬子江中水，蒙顶山上茶，这两样廖希铂此刻都有了，一起握在手掌中，人靠在椅子圈里，怡情养性地啜着，有一种"两腋清风生，我欲上青天"的神仙风范。

（邓一光《多年以前》）

　　"廖希铂的话让我吃惊。"一方面承接上文，同时又引出下文。这句话就是记叙廖希铂喝茶的引子。

　　……我在我们摄制组的地位也是这样，领袖和头目——注意，排名不分先后——是重中之重，我就当个小跟班。不用去找心理医生，我自己就想开了。他们器宇不凡，又很难替代，万一死了胡屠夫，你还真的就只能去吃连毛猪了。

　　<u>不想后来还是弄出了话来</u>。在我们剧组，领袖和头目都有专人联络，主要任务是早上喊他们起床。……

（朱辉《面孔轶事》）

　　与上例不同的是，"不想后来还是弄出了话来。"还带有转折的意思，是转承。

二、中心句、插入句

（一）中心句

　　句群的中心意思有时是隐含的，没有明说，有时会用一个句子直接表达出来。能够概括句群中心意思的句子就是中心句。中心句并没有固定的位置。有时候由起句或结句承担，如上面的例子。有时候在句群中间，例如：

　　有的人呢，散文还没写通顺，便去作诗。我不相信，连一封信还写不明白，而能写出诗来——诗应是语言的精华！不错，某个诗人的诗确比散文写得好；可是，自古以来，还没有一位这样的诗人：诗极精彩，而写信却胡里胡涂。我看，还是先把散文写好吧！诗写不好，只不过不能发表；信写不明白，可会耽误了事。

（老舍《散文重要》）

　　"我看，还是先把散文写好吧！"是中心句。中心句的意义在于诱导读者理解句群主题，同时还能使句群更为集中。有时候一个句群里的中心句不止一句，这样的写法能够增强读者对中心意思的印象。例如：

　　过去了的时间永不再回来。一个人到了三十岁的边头就会发现自己丢失了一些什么：一颗白齿，一段盲肠，一些头发，一点点和人开玩笑的兴味，这意味着他已经失去了那大半个青春。有限的岁月只能一度为你所有，它们既然离开，就永不会再返回。智者对此也无能为力！个人生命不像一件衬衣，当你发现它脏了、破了的时候，就可以脱下来洗涤，把它再补好。对那存在过的忧愁，也许你能忘却，但却不能取消它遗留下的迹印。我们都非常可怜！

（严文井《永久的生命》）

（二）插入句

　　有些句子同句群的中心意思关系不大，具有补白作用，我们称为"插入句"。如下面的例子：

（1）白越说你看见没有，真要有一天世界都毁灭了。只要还剩下一台电脑，这个世界就能重建。<u>一个电脑就是一个世界。</u>

（邹静之《我家房后的月亮》）

（2）我只记得，当我们七手八脚地将她弄到楼下时，救护车还没有来。<u>东交民巷的槐花全都开了。</u>

（格非《苏醒》）

这两例中最末一句都不是顺着前面的话往下说的，目的是补叙必要的信息，以使记叙能够进行下去。前例补叙原因，后例补叙环境。补叙大多是简短的。

细心的读者已不难猜，苏珊说的是对的，孔林说的也是对的。真正"主动提出"他们第一次约会的人不是别人，正是坐在"介绍人"席上的我。而我所以坐到介绍人席，原本是孔林拉来充数的。<u>真可谓歪打正着。</u>

（墨生《西厢记》）

最后一个句子是记叙性句群中插入的评论。下面是另一类例子：

……说穿了，在下至多是当今文坛下面的一个久长的看客而已。

<u>惭愧！</u>

（阿成《天奉客栈》）

"惭愧！"表示感叹。这一类插入句表达作者的主观情感。

插入句与前后句子不是很连贯。或者话题不一致，或者表达方式发生了变化。因而比较凸显。如果插入句在句群中间，可以前后加破折号，如上文的"——注意，排名不分先后——"。

　　功能句能够增强句群的统一性。起句、承句、结句本身就是起组织作用的，中心句能够从内容上统一句群，插入句也可以作为句群的边界发挥作用。

思考题

　　一、功能句的功能体现在哪些方面？与非功能句的作用有何不同？
　　二、功能句能够增强句群的统一性。谈谈你的理解。
　　三、功能句在形式上有什么特点？

实践题

　　一、分析句群，找出句群中的功能句，并分析其作用。
　　（1）漫步在奥林匹亚，我很少说话，领受着不轻的文明冲撞。我们也有灿烂的文化，但把健康的概念如此强烈地纳入文明，并被全人类接受，实在是希腊文明值得我们永远仰望的地方。古代希腊追求人的双重健康：智力的健康和肢体的健康。智力的健康毋须多言，正如一些西方学者所说，在哲学、伦理学、逻辑学、数学、美学、医学、法学等等领域，我们至今仍是用希腊的基础话语在思考；肢体的健康更有一系列强大的证明，例如今天全世界还在以奥林匹克和马拉松的名义进行体育竞赛，希腊的人体雕塑至今仍是人类形体美无可企及的标本。把智力健康和肢体健康发挥到极致然后再集合在一起，才是他们有关人的完整理想。我不止一次看到出土的古希腊哲学家和贤者的全身雕像，大多须发茂密，肌肉发达，身上只披一幅布，以别针和腰带固定，上身有一半袒露，赤着脚，偶尔有鞋，除了忧郁深思的眼神，其他与运动员没有太大的差别。别的文明多多少少也有这两方面的提倡，但做起来常常顾此失彼，或流于愚勇，或流于酸腐，或追慕骑士，或仿效寒士，很少构想两相熔铸、两相提升的健全状态。因此，奥林匹亚是永恒的世界坐标。

（2）1982年，一位美国教授在校园BBS上建议用字符"：—）"来表示笑脸，这个由ASCII（美国标准信息交换代码）元素组成的笑脸大大激发了人们的想象力和生产力，此后各种各样的表情符号被源源不断地创造出来，因此它被称为"改变历史的一张笑脸"。颜文字是它的升级版，其显著特点是用键盘符、标点或者两者的结合体模拟出人的面部和某种身体姿态，用来方便快捷地表达和传递情绪。以QQ表情中的基础默认表情"小黄脸"为代表的表情符号，被称作绘文字，"龇牙""偷笑""笑哭"等惟妙惟肖的符号简洁而又形象，极大丰富了聊天时的选择和乐趣。以90后、00后为代表的年轻群体成为网络主力军后，一些真人表情在网络上竞相出彩，GIF动画表情的传播也如火如荼，标志着网络表情符号进入自定义创作发展阶段。

在网络社交中，网络表情符号比文字有着先天的优势。从接受者方面说，解读文字容易对信息发送者的语气、态度产生理解偏差，而图文搭配的表情图像，会让信息的准确度和可接受度更加凸显，使传播效果事半功倍。表情符还使人们在交流时打破了时间和空间上的限制，建立欢快轻松的"在场"语境，可以加强交流的互动性。其实人的社会互动也是一场关于"自我呈现"的表演。长期处于表情符号丰富的交流语境中，通过独特的表情符号进行自我表达，展现个性，会不知不觉地将"我"塑造为社交所需要的形象。

二、选一篇文章，找出其中的功能句，并分析其作用。

第四节 话题连贯

学习要点

理解回指的概念，掌握回指语的形式及其表达效果，掌握话题链基本模式及其作用。

一、回 指

（一）回指的概念

文章中提到过的人、事、物在后文再一次提到，这种现象就是回指。回指是保证文章前后连贯的手段。先前提到的人、事、物称为先行词，后文再一次提到它们的词语称为回指语。如：

空天飞机是一种可以在普通机场水平起降、可以重复在太空与地面之间往返的飞行器。这是一种将航空航天技术有机结合在一起的新型飞行器。它能像普通飞机那样从地面起飞，以高超音速在大气层内飞行……

以上句群中，"空天飞机"是先行词，"这""它"作为回指语，回指"空天飞机"。回指使后续句话题在上文有所依托，从而建立起意义联系。如：

此刻，在蓝天和绿草相接的山丘间，一头黑母犀牛正带着它的孩子缓缓走来。<u>它们</u>寻着肥嫩的鲜草，准备养足身体来抵挡即将到来的寒冬。<u>小犀牛</u>似乎特别淘气，时不时蹭蹭妈妈，然后再跑到远处山坡上撒个欢儿。

"它们"回指"黑母犀牛"和"它的孩子"，"小犀牛"回指"它的孩子"。

（二）先行词的位置

回指语一般位于句首，作为句子的话题。先行词则有不同的位置。其一，先行词在主语位置。例如：

（1）<u>我们</u>观察到西边出现了龙卷风，但没想到它和我们仅仅隔着四个街区。<u>我们</u>躲进俱乐部会议室避雨。

（2）<u>13岁的他</u>因为紧张严重抢拍，可难得的是台下并没有倒彩声，村民们还是很认真地听着。<u>这个小不点</u>不但坚持唱完长达5分多钟的《桑园访妻》，而且表情做足，最后成功地把拍子拉了回来。

有时回指语将先行词的内容作为其中一部分，例如：

（1）<u>曲折的情节</u>往往是我们阅读小说的一大兴奋点。<u>情节的形态</u>千类万殊，大致可分为三类：传奇型、生活型和心态型。

（2）<u>音乐</u>是透明的，看不到的，摸不到的，只能用耳听，用心会。<u>听音乐的人</u>是安静的，生命是安静的。

其二，先行词在宾语位置。例如：

（1）微型小说的题材，撷取的多半是生活海洋里的一涓一滴。经过艺术的点染，也便成了一朵绚丽的浪花。

（2）故乡对于我，它不仅是出生地，还是一个人的生存和精神居所。我恰在追怀一种永久的东西，过去千百年仍鲜活如我们古老的血液。

第一例中的回指语为零形式（或曰省略），回指前句的宾语"生活海洋里的一涓一滴"。第二例的先行词"我"在前句中是介词宾语。

其三，先行词在定语位置。例如：

她的灰色衣服虽然很朴素，但穿着非但合适，而且文雅。她身上有一种温柔而羞怯的光辉。

总之，回指语指称的对象在前文出现过，或可以从前文推导出来，是已知的或易知的信息。否则，就会出现"后语不搭前言"，上下文联系不起来。

二、回指语的形式

回指语大体上可以分为名词、代词、省略三种形式。

（一）名词回指

名词回指又可以分为词语重复、同义词语替换以及上下位词语的回指。

1. 词语重复
词语重复可以直观地连接前后句。例如：

（1）我们探索宇宙的时候，既要勇于怀疑，又要富于想象。<u>想象</u>经常能够把我们带领到崭新的境界，没有想象，我们就到处碰壁。<u>怀疑</u>可以使我们摆脱幻想，还可以检验我们的推测。<u>宇宙</u>神秘非常，它有典雅的事实，错综的关系，微妙的机制。

（《宇宙的边疆》）

（2）单独游戏的特征是无需伙伴，动物个体可以独自进行。单独游戏时，<u>动物</u>常常兴高采烈地独自奔跑、跳跃，在原地打圈子。

（周立明《动物游戏之谜》）

词语重复可以让我们清楚地看到词语之间的意义联系。有时候，还可以加上指示代词，使这种联系更加紧密。如：

（1）看吧，由澄清的河水慢慢往上看吧，空中，半空中，天上，自上而下全是那么清亮，那么蓝汪汪的，整个的是块空灵的蓝水晶。<u>这块水晶</u>里，包着红屋顶，黄草山，像地毯上的小团花的小灰色树影。

（老舍《济南的冬天》）

（2）中华民族现在所逢的史路，是一段崎岖险阻的道路。在<u>这一段道路</u>上，实在亦有一种奇绝壮绝的景致，使我们经过这段道路的人，感到一种壮美的趣味。但<u>这种壮美的趣味</u>，没有雄健的精神是不能够感觉到的。

（李大钊《艰难的国运与雄健的国民》）

2. 同义词语

同义词语能够避免形式上的重复，使语言富于变化。例如：

（1）当我记起故乡的时候，我便能看见那大地的深层，在翻滚着一种红熟的浆液，这声音便是从那里来的。在那亘古的地层里，有着一股燃烧的洪流，像我的心喷涌着血液一样。

（端木蕻良《土地的誓言》）

（3）他们事先以为天黑以前就能登上顶峰，现在看来，这种估计显然错误。黑夜，即将成为他们前进道路上的第二道难关。在这人类从未到达过的珠穆朗玛峰北坡最后二三百米的路途中，他们将要遇到什么困难，要走多长时间，事先确实很难精确估计。

（郭超人《登上地球之巅》）

3. 上下位词语

上位词语和下位词语是指在意义上具有类和分子或整体和部分关系的一组词语。例如：

（1）在故乡的土地上，我印下我无数的脚印。在那田垄里埋葬过我的欢笑，在那稻颗上我捉过蚱蜢，在那沉重的镐头上留着我的手印。

（端木蕻良《土地的誓言》）

（2）不惟如此，假使国防上有必需时，城墙上面即可利用为良好的高射炮阵地。古代防御的工事在现代还能够再尽一次历史任务！

（梁思成《关于北京城墙的存废问题的讨论》）

"土地"和"田垄"是整体和部分的关系。"城墙"和"古代防御的工事"是分子和类的关系。在具体语境中它们可以指称同一对象。

（二）代词回指

代词回指分为两种情况，一是回指某个词语，一是回指整个句子。

1. 回指某个词语

常用第三人称代词来回指，如"他/她/它""他们/它们"等，"其"也用于回指。

（1）真的，济南的人们在冬天是面上含笑的。他们一看那些小山，心中便觉得有了着落，有了依靠。他们由天上看到山上，便不知不觉地想起："明天也许就是春天了吧？这样的温暖，今天夜里山草也许就绿起来了吧？"

（老舍《济南的冬天》）

（2）文化传统是不死的民族魂。它产生于民族的历代生活，成长于民族的反复实践，形成为民族的集体意识和集体无意识。

（庞朴《传统文化与文化传统》）

（3）传统文化的全称大概是"传统的文化"，落脚在文化，是对应于当代文化和外来文化而言的。其内容当为历代存在过的种种物质的、制度的和精神的文化实体和文化意识。

（庞朴《传统文化与文化传统》）

2. 回指整个句子

这类回指语常用指示代词"这""那"，有时候也用"它"。

（1）又比如，有的报刊批评某些人对事情采取满不在乎的态度时，习惯用"不以为然"这个词。这也是不对的。"不以为然"是"不以为如此"或"不以为对"的意思，而不是"满不在乎"的意思。从这里我们再一次看到了不能随便运用口语。

（王力《谈语言》）

（2）记得那时我的父母不时带我去旧金山游览著名的日本茶园。我蹲在那里的一个小池边，为慢慢畅游在水底睡莲之中五彩斑斓的鲤鱼所陶醉。这是我最快乐的童年记忆之一。

（加来道雄《一名物理学家的教育历程》）

例（1）"这"回指前一句提到的情况，"这里"是对前文的整体情况的又一次回指。例（2）的"这"指代我在日本茶园看鲤鱼这一事件。

（三）零形式回指

零形式即省略。从意义上看有某个对象存在，但形式上没有，故称为零形式。零形式回指常见于复句内部，有时也会出现在句群中。例如：

（1）在这段时间里，其他鹤高声啼叫，盘旋高空，一齐等待伤鹤返回。0待伤鹤归队后，才似乎放下心来，又排成圆形队，向高空飞去。

（江口涣《鹤群》）

（2）我们的小船划到了古镇的尽头，灯光暗淡了，小河也恢复了它本来的面目，平静的水面上闪烁着点点星光。0从河里抬头看，只见屋脊参差，深蓝色的天幕上勾勒出它们曲折多变的黑色剪影。

（赵丽宏《周庄水韵》）

标"0"的地方即使用了零形式。零形式指称的内容可以根据上文语境来确定。

名词、代词和零形式本身所含的信息量不同。比较而言，名词的信息量是最大的，代词信息量小得多，而零形式本身没有任何信息量。当一个词语信息量很足的时候，对上文的依赖性就比较弱；而信息量小的词语，对上文的依赖性就强；如果本身没有信息量，它就完全依赖上文。依赖性强意味着与上文联系紧密，回指能力就强。依赖性弱，则句子独立性就强。可见，回指形式还可以调节句间关联的松紧程度。

三、话题链

两个以上的句子连在一起通常要有共同的话题，各个句子围绕这个话题展开。具有相同话题的一连串句子构成一个话题链。话题链存在于句群、复句中，下面不严格区分二者。

（一）话题链的性质

话题链是话题在语段中延续的现象，表现为某一句子的话题承自上一句子的话题或对话题进行说明的某一部分。例如：

（1）祥子连头也没回，像有鬼跟着似的，几出溜便到了团城，走得太慌，几乎碰在了城墙上。一手扶住了墙，他不由得要哭出来。

（2）村子里有个闲汉管大爷，经常到这里来站。站在墙旮旯里，两条腿罗圈着，形成一个圈。袖着手，胳膊形成一个圈。

前一例，续句的话题承自前句的话题。后一例续句的话题承自首句的说明部分。若把语段中这些话题连起来就形成了一个话题的链条，称为话题链。

（1）祥子$_i$……，0$_i$……，0$_i$……，0$_i$……，0$_i$……。0$_i$……，他$_i$……

（2）村子里$_i$……管大爷$_j$，0$_j$……。0$_j$……，0$_j$……。0$_j$……，0$_j$……

语段中常出现相邻两个话题链交叠的现象。例如：

早年间，桥头村$_i$有一个李木匠$_j$，$_i$人称李大个子。他$_i$养了一条黑狗$_k$，0$_k$浑身没有一根杂毛，$_k$仿佛是从墨池里捞上来的一样……

这段话有两个话题链。分别是：

（1）早年间，桥头村有一个李木匠，人称李大个子。他养了一条黑狗……

（2）他养了一条黑狗，浑身没有一根杂毛，仿佛是从墨池里捞上来的一样……

前一句话题是"李木匠"，后一句话题是"黑狗"。"他养了一条黑狗"分属两个话题链，起到了衔接作用。

（二）话题链模式

1. 两种基本模式

句子通常由话题和对话题的说明组成。话题是表达的出发点，是已知信息，说明是关于话题的新信息。后续句的话题可能回指先行句的话题，也可能回指先行句的说明部分。这就形成了话题链的两种基本模式——平行式和链接式。

后续句话题回指先行句话题的，称为平行式。例如：

（1）他爱这线条齐整如棋盘格子的田园。他爱这纵横交错如蛛网的大大小小的道路。

（2）二狗捡了一馒头。二狗吃了那个馒头。

后续句话题回指先行句说明的，称为链接式。例如：

（1）桌上摆着两只整整齐齐的邮包。邮包已经半旧。

（2）大鱼吃小鱼，小鱼吃虾米，虾米吃泥巴。

2. 平行式的地位

平行式话题链可以扩展。例如：

老头子的岁数到了，没有女儿帮他的忙，他弄不转这个营业，所以干脆把它收了，自己拿着钱去享福。

例中首句外每个句子的话题都承自前句话题。平行式可以就一个话题进行铺叙，容量大，因而在语段中十分常见。再如：

二强嫂是全院里最矮最丑的妇人，囔脑门，大腮帮，头上没有什么头发，牙老露在外边，脸上被崔斑占满，看着令人恶心。她也红着眼皮，一边哭着女儿，一边穿上新蓝大衫。

3. 链接式的作用

链接式连续两句的话题不同，因而不能就一个话题作全面深入的说明。链接式的作用表现在两个方面，一是对平行式引入对象作简短的补充说明。例如：

（1）可是他特别的恨曹先生。他以为曹先生太不懂面子；面子，在中国是与革命有同等价值的。

（2）总督的智力水平相当于幼儿园的小朋友。他唯一关心的是维护自己的威信，他决不允许别人违抗他的命令——即使是错误的命令。

第一例平行式话题链的话题是"他"，续句引入"面子"，成为后续句的话题。末两个小句构成链接式话题链。第二例的情形相同。续句通常比较简单，具有补充性质。

链接式的另一个作用是用在平行式之前，引入平行式话题链的话题。例如：

（1）阎家山有个李有才，外号叫"气不死"。这人现在有五十多岁，没有地，给村里人放牛，夏秋两季捎带看守村里的庄稼。

（2）繁花搬过凳子自己坐了。那凳子很沉，像是用枣木做的，可是再一看又不像枣木。

链接式若连续使用，则不能把一个话题说清楚。尽管如此，链接式也有延长的情形。例如：

从前有座山，山上有座庙，庙里有两个和尚，大和尚给小和尚讲故事……

思考题

一、什么是回指？先行词和回指语是同义关系吗？

二、回指语的形式有哪些？各种形式有何不同的作用？

三、平行式和链接式各有什么特点？话题链还有其他形式吗？

实践题

一、分析下面语段中的回指语的形式和话题链模式。

茶峒地方凭水依山筑城，近山的一面，城墙俨然如一条长蛇，缘山爬去。临水一面则在城外河边留出余地设码头，湾泊小小篷船。船下行时运桐油、青盐、染色的五棓子。上行则运棉花、棉纱以及布匹、杂货同海味。贯串各个码头有一条河街，人家房子多一半着陆，一半在水，因为余地有限，那些房子莫不设有吊脚楼。河中涨了春水，到水脚逐渐进街后，河街上人家，便各用长长的梯子，一端搭在屋檐口，一端搭在城墙上，人人皆骂着嚷着，带了包袱、铺盖、米缸，从梯子上进城里去，等待水退时，方又从城门口出城。某一年水若来得特别猛一些，沿河吊脚楼，必有一处两处为大水冲去，大家皆在城上头呆望。受损失的也同样呆望着，对于所受的损失仿佛无话可说，与在自然安排下，眼见其他无可挽救的不幸来时相似。涨水时在城上还可望着骤然展宽的河面，流水浩浩荡荡，随同山水从上流浮沉而来的有房子、牛、羊、大树。于是在水势较缓处，税关趸船前面，便常常有人驾了小舢板，一见河心浮沉而来的是一匹牲畜，一段小木，或一只空船，船上有一个妇人或一个小孩哭喊的声音，便急急的把船桨去，在下游一些迎着了那个目的物，把它用长绳系定，再向岸边桨去。这些勇敢的人，也爱利，也仗义，同一般当地人相似。不拘救人救物，却同样在一种愉快冒险行为中，做得十分敏捷勇敢，使人见及不能不为之喝彩。

（沈从文《边城》）

二、选一篇文章，分析其中的回指语形式、话题链形式，并概括其特点。

第三章 段 落

第一节 段落的性质

学习要点

理解段落的概念及特征，了解段落的层次性，掌握自然段的性质及作用。

一、什么是段落

段落是根据整体内容划分而成的部分。段落反映文章的组织架构，是作者表达意图的体现。一篇文章总是由若干段落组成。段落具有集中性、完整性、成分性的特点。

（一）集中性

段落是一个意义单位。每个段落集中表达一个中心意思，叫段落大意，简称段意。例如：

紫藤萝瀑布

宗 璞

①我不由得停住了脚步。

②从未见过开得这样盛的藤萝，只见一片辉煌的淡紫色，像一条瀑布，从空中垂下，不见其发端，也不见其终极。只是深深浅浅的紫，仿佛在流动，在欢笑，在不停地生长。紫色的大条幅上，泛着点点银光，就像进溅的水花。仔细看时，才知道那是每一朵紫花中最浅淡的部分，在和阳光互相挑逗。

③这里春红已谢，没有赏花的人群，也没有蜂围蝶阵。有的就是这一树闪光的、盛开的藤萝。花朵儿一串挨着一串，一朵接着一朵，彼此推着挤着，好不活泼热闹！

④"我在开花！"它们在笑。

⑤"我在开花！"它们嚷嚷。

⑥每一穗花都是上面的盛开、下面的待放。颜色便上浅下深，好像那紫色沉淀下来了，沉淀在最嫩最小的花苞里。每一朵盛开的花就像是一个小小的张满了的帆，帆下带着尖底的舱。船舱鼓鼓的，又像一个忍俊不禁的笑容，就要绽开似的。那里装的是什么仙露琼浆？我凑上去，想摘一朵。

⑦但是我没有摘。我没有摘花的习惯。我只是伫立凝望，觉得这一条紫藤萝瀑布不只在我眼前，也在我心上缓缓流过。流着流着，它带走了这些时一直压在我心上的关于生死的疑惑，关于疾病的痛楚。我浸在这繁密的花朵的光辉中，别的一切暂时都不存在，有的只是精神的宁静和生的喜悦。

⑧这里除了光彩，还有淡淡的芳香，香气似乎也是浅紫色的，梦幻一般轻轻地笼罩着我。忽然记起十多年前家门外也曾有过一大株紫藤萝，它依傍一株枯槐爬得很高，但花朵从来都稀落，东一穗西一串伶仃地挂在树梢，好像在察言观色，试探什么。后来索性连那稀零的花串也没有了。园中别的紫藤花架也都拆掉，改种了果树。那时的说法是，花和生活腐化有什么必然关系。我曾遗憾地想：这里再也看不见藤萝花了。

⑨过了这么多年，藤萝又开花了，而且开得这样盛，这样密，紫色的瀑布遮住了粗壮的盘虬卧龙般的枝干，不断地流着，流着，流向人的心底。

⑩花和人都会遇到各种各样的不幸，但是生命的长河是无止境的。我抚摸了一下那小小的紫色的花舱，那里满装生命的酒酿，它张满了帆，在这闪光的花的河流上航行。它是万花中的一朵，也正是一朵一朵花，组成了万花灿烂的流动的瀑布。

⑪在这浅紫色的光辉和浅紫色的芳香中，我不觉加快了脚步。

1982 年 5 月 6 日

这篇文章可划分为四个部分：第一、十一自然段是开头、结尾；第二至第六自然段写所见所闻，描绘眼前的紫藤萝；第七至第十自然段写所感所想，为紫藤萝带来的情感体验和人生感悟。每一部分集中表达一个意思。

从表达的角度来说，一个段落要围绕一个中心意思来写，不枝不蔓。如果段意分散，作者组织语言会很困难，读者理解起来也会很费劲。

(二) 完整性

同一段意之下的内容应该尽数归入一个段落，保持段落的完整。以上文为例，剥离第六自然段，第二部分依然表达所见所闻。但没有对花朵的描写，就缺少细节，不够完整。如果这一自然段归入第三部分的话，则会使其主题不集中。

茅以昇《中国石拱桥》以赵州桥和卢沟桥为例，说明我国石拱桥在设计和施工上的独特创造以及艺术价值。开头两个自然段似乎缺少关联：

石拱桥的桥洞成弧形，就像虹。古代神话里说，雨后彩虹是"人间天上的桥"，通过彩虹就能上天。我国的诗人爱把拱桥比作虹，说拱桥是"卧虹""飞虹"，把水上拱桥形容为"长虹卧波"。

石拱桥在世界桥梁史上出现得比较早。这种桥不但形式优美，而且结构坚固，能几十年几百年甚至上千年雄跨在江河之上，在交通方面发挥作用。

第一段讲石拱桥的形状，第二段讲石拱桥的作用。但从整篇文章来看，这两个自然段简要说明了石拱桥的特点，可作全文的引子归入同一个段落。

从表达的角度来说，一个段落要把一个意思说完整。不能欲言又止，吞吞吐吐，也不应把一个意思分散各处，来回折腾。

（三）成分性

段落是整体内容的组成成分，其身份地位要放在全局中去确定。上面两个自然段之所以要归为一个段落，就是从文章全局来考虑的。它们是整篇文章的一个组成部分。

再以《紫藤萝瀑布》为例，第八自然段回忆园中的紫藤萝，符合集中性、完整性要求。但从整篇文章的格局来说，它不是文章的直接组成成分，就不能算整篇文章的一个段落。

成分性是段落功能的体现。句群与段落一样，也具有集中、完整的特点。但句群作为篇章基本单位，不要求其具有成分性。比如第八自然段中的下面几句话是句群，但显然不是一个段落：

忽然记起十多年前家门外也曾有过一大株紫藤萝，它依傍一株枯槐爬得很高，但花朵从来都稀落，东一穗西一串伶仃地挂在树梢，好像在察言观色，试探什么。后来索性连那稀零的花串也没有了。

园中别的紫藤花架也都拆掉，改种了果树。那时的说法是，花和生活腐化有什么必然关系。我曾遗憾地想：这里再也看不见藤萝花了。

二、段落的层次

最大的段落是文章的直接组成部分，简称"部分"。部分与部分之间会有比较大的停顿，常用自然段标记（如换行退格）加以区隔。不过，文章自然段通常比较多，并不都标记文章部分。这时候就要根据段落的上述特点加以判断。这是一种基本的阅读能力。

对作者来说，文章有几个部分是清楚的。有时为了明确思路，也为了降低阅读难度，作者会使用比自然段更加醒目的标记，比如用空行、加序号、加小标题等来分隔段落。比如刘慈欣《带上她的眼睛》（人民教育出版社《语文》七年级下册）全文分四个部分，作者用了三个空行加以区隔。史铁生《我与地坛》分别用序号"一""二"等标记各部分。杨利伟《太空一日》则用了四个小标题"我以为自己要牺牲了""我看到了什么""神秘地敲击声""归途如此惊心动魄"，明确每个部分的主题。这些标记既方便写作，也便于理解。

部分是最大的段落，还可以根据内容划分成较小的段落。例如《紫藤萝瀑布》第三部分又可以划分成两个段落，第七至第九自然段是感受，第十自然段是感悟。前者又可以进一步划分成两个段落，第七自然段是当前感受，第八、九自然段是回忆及对比。后者还可以分成两个段落。如下：

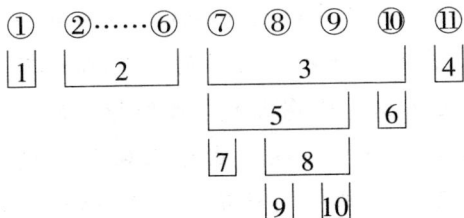

最小的段落通常是以自然段形式呈现的句群，甚至可能是一个句子。

三、自然段的作用

段落是意义单位，也称意义段。一篇文章即使没有分段，也是有段落层次的。古文通常不分段，今人仍然能根据其内容把它划分成几个大的段落。与段落不同，自然段是由换行退格造成的形式单元。换行退格实际上是一个较大的停顿，可称为段号。从本质上说，段号与标点符号一样，都是书面语言的辅助表达工具。段号比标点符号更醒目，作用于视觉的强度更大。

（一）标识意义单元

段号首先可以标识意义单元。例如：

沙漠是人类最顽强的自然敌人之一。有史以来，人类就同沙漠不断地斗争。但是从古代的传说和史书的记载看来，过去人类没有能征服沙漠，若干住人的地区反而为沙漠所并吞。

地中海沿岸被称为西方文明的摇篮。古代埃及、巴比伦和希腊的文明都是在这里产生和发展起来的。但是两三千年来，这个区域不断受到风沙的侵占，有些部分逐渐变成荒漠了。

我国陕西榆林地区，雨量还充沛，在明末清初的时候是个天然草原区，没有多少风沙。到了清朝乾隆年间，陕西和山西北部许多人移居到榆林以北关外去开垦。当时的政府根本不关心农业生产事业，生产技术又不高，垦荒伐木，致使原来的草地露出了泥土，日晒风吹，尘沙就到处飞扬。由于长城外的风沙侵入，榆林城也受袭击，到解放以前，榆林地区关外30公里都变成沙漠了。

（竺可桢《向沙漠进军》）

这是文章的前3个自然段，说明沙漠对人类的危害。3个自然段分别概述和例说这个中心意思，层次清晰。

（二）表示人物、话轮变换

段号能够使对话更清晰。例如：

七斤慢慢地抬起头来，叹一口气说，"皇帝坐了龙庭了。"

七斤嫂呆了一刻，忽而恍然大悟的道，"这可好了，这不是又要皇恩大赦了么！"

七斤又叹了一口气，说，"我没有辫子。"

"皇帝要辫子么？"

"皇帝要辫子。"

"你怎么知道呢？"七斤嫂有些急，赶忙的问。

"咸亨酒店里的人，都说要的。"

（鲁迅《风波》）

又如：

在问了一系列有关绯闻的问题后，我开始为自己工作。

绯歌后，你觉得为什么大家，我的意思是人民，会喜欢你？

人民啊！记得有位诗人说过，人民喜欢什么，就给他们什么。就是这样子的啦。

那人民喜欢什么呢？

你给他们什么，他们就喜欢什么。就是这样子的啦。

看来，绯被尊为歌后，不是一点道理都没有。

（尹丽川《十三不靠》）

这个例子没有使用引号，全靠段号分开话轮。

（三）用来突出、强调

段号比较醒目，可以用来突出、强调某个句子。例如：

山谷里突然爆发了姑娘们欢乐的呐喊。她们叫着香雪的名字，声音是那样奔放，热烈；她们笑着，笑得是那样不加掩饰，无所顾忌。古老的群山终于被感动得战栗了，它发出洪亮低沉的回音，和她们共同欢迎着。

哦，香雪！香雪！

（铁凝《哦，香雪》）

最后一段非常突出，能够引起读者的注意和思考。再如：

找药的电话不断头地回来了：
运城县没这种药！
临汾县没这种药！
附近各地没这种药！

（王石、房树民《为了六十一个阶级弟兄》）

与下面的形式比较，强调作用十分明显。

找药的电话不断头地回来了：运城县没这种药！临汾县没这种药！附近各地没这种药！

段号是一个较大的停顿，作者通常在变动内容、明晰条理、突出强调时插入段号，也能给读者留出更多理解的时间。

思考题

一、给文章划分段落层次的依据是什么？

二、自然段的性质是什么？自然段与段落有何关系？

实践题

一、从语文教材中找找看，还有哪些文章用空行、序号、小标题或其他形式划分段落？

二、给下面文章划分段落，并说明理由。

给地震波一个空间
段奇清

地震从来都是令人恐惧生畏的自然现象。在科学技术落后的旧时代，地震就如同一个暴君，人类只能任它鱼肉宰割。如今，科技发展一日千里，但对地震似乎也没有很好的办法。鉴于地震造成的巨大灾难大多是建筑物倒塌而导致的，人类不断提高建筑物的抗震等级，但却极大地增加了建筑成本。有没有更好的办法呢？法国马赛菲涅尔研究所的科学家们正在尝试换一种思路——用比较少的成本、简单易行的办法，减少或消除地震对人类的危害。我们知道，地震就是地震波造成的地面震动，而地震波又分为横波和纵波，当横波与纵波在地表混合形成"面波"时，它们的破坏性最强。法国科学家们想，地震波之所以能成为面波，是因为地震波形成之后，在地下找不到一个安身之处，便横冲直撞到了地面，造成地面建筑物成批倒塌，人员大量伤亡。鉴于此，他们开始了"给地震波一个空间"的研究。其方法是在地面钻孔。不过，这种"孔洞"不是在地面随便打上一些就能行的。科学家们通过预测地震波的波长范围，通过运用计算机模拟计算，最后得出结论，这些孔洞的直径应为0.3米，孔洞与孔洞之间的距离应为1.73米；由于面波只在地表传播，所以孔洞的最大深度只需5米。在地面打孔洞是受到"隐身衣"的启发。人们之所以能看到物体，是因为物体阻挡了光波通过，被阻挡的光波反射到了人的眼睛里就会成像。物体能"隐身"，是人们为物体穿上了某种衣服，即给物体表面涂上了一种特殊材料，此时光波会绕物体而行，如同没被阻挡一般，人们也就看不见物体了。在地面钻孔就如同在"视觉隐形"时给物体穿上特殊隐形衣，地震波的"眼睛"也就"看"不到地面的物体了，不能再对其形成破坏。不，此时的地震波并不需要"看"地面的物体，因为孔洞已经让它们在里面很舒适了。法国科研团队在法国阿尔卑斯山的某一处山脚下先后诱发了两次人工地震，监测发现孔洞让80%以上的面波消失于无形。不过，地质结构的复杂性和天气的多变性等不确定因素，要求孔洞这种"超材料"的位置必须高度精确。法国科研团队依靠现代科学技术手段发现，运用超大功能计算机等设备，完全能够精确定位钻孔位置。精确定位后的孔洞能够对地震波传播介质造成突变，改变其折射方向，折射后地震波相互接触后产生共融，最终使本来可以造成天塌地陷的能量化为乌有。目前，这项技术已被运用于对海啸的控制了。给地震波一个空间，是换一种思维方式对待地震，不是与之为敌，也不是被动地逃避，而是主动地为地震波准备一处歇脚的地方，让其与人类"共融"。如此，地震波也就会对我们"以礼相待"。

    三、给上面的文章划分自然段，并说明其作用。

第二节 段落的组织

学习要点

理解事理关系、认知关系、言说关系的界定，掌握常见的段落结构形式，并能够分析段落结构关系。

一个大的段落划分成几个小的段落，或者几个小的段落组成一个大的段落，其依据是段落之间的关系。段落之间的关系大体上有三大类：事理关系、认知关系、言说关系。事理关系反映事物存在、事件发展的表面关系，是感官直接感知到的。认知关系是事物、事件的内在关系，是思维的结果。言说关系是言语层面的说明、解释等。三种组织形式分别称为事理结构、认知结构、言说结构。

一、事理结构

事理结构也称为时空结构，包括时间结构、空间结构、时空并用结构。

（一）时间结构

事物的发展变化是随着时间的推移而进行的，叙述事件的时候通常以时间为线索，按时间顺序展开。但这不意味着只能由前往后单向推进。叙事性文章会用到倒叙、插叙、补叙等手法，也是时间结构的表现形式。

例如，贾永等《飞向太空的航程》一文回顾了中国人飞向太空的历程。文章开头记录了"神舟"五号升入太空的重要历史时刻，然后以时间为顺序，回顾了半个世纪以来中国人的航天之路，最后以"神舟"五号载人飞船顺利进入预定轨道结束。下面是其中的一个段落：

1999 年 11 月 20 日 6 时 30 分，"神舟"一号实验飞船从酒泉卫星发射中心新建成的载人航天发射场飞向太空并于第二天准确着陆。它意味着中国人"摘星揽月"已为期不远了。

仅仅一年零一个多月后，中国第一艘真正意义上的载人飞船"神舟"二号的发射也进入了倒计时阶段。

"神舟"二号飞船为全系统配置的正样飞船，可以说是载人飞船的"最完整版本"，各种技术状态与真正载人时基本一样。

2001 年 1 月 10 日，在新的一年刚刚到来的时候，"神舟"二号发射成功，这是"飞天"故乡对人类又一个新纪元的最高致意。美国一家报纸发表评论说，"这一成就，使越来越多的人相信，中国古老的飞天梦想将不仅仅是传说，中国航天员上天的日子又进了一大步。"

2002 年 3 月 25 日，"神舟"三号飞船发射升空。9 个月后的 12 月 30 日，"神舟"四号飞船在低温严寒条件下发射成功。"神舟"飞船四战四捷，创造了我国航天史上的奇迹，实现了中国载人航天的重大突破。特别是"神舟"三号、四号在全载人状态下连续发射成功，标志着中国已具备了把自己的航天员送上太空的能力。

时间结构适用于再现事件发生发展过程。

（二）空间结构

事物在空间中存在，对静止的事物可以按空间顺序进行介绍。空间本身是立体的，没有内在顺序。要把空间关系表达清楚，有时要借助时间关系或认知关系。

例如，黄传惕《故宫博物院》，这篇文章采用移步换景的方法介绍了故宫的主要建筑及其特色，借助参观路线从南往北介绍各建筑及其特色，空间关系非常清晰。

从天安门往里走，沿着一条笔直的大道穿过端门，就到午门的前面……

进了太和门，就到紫禁城的中心三大殿……

太和殿俗称金銮殿……

太和殿后面是中和殿……

中和殿后面是保和殿……

从保和殿出来，下了石级，是一片长方形小广场……

后三宫往北就是御花园……

从御花园出顺贞门，就到紫禁城的北门神武门，对面就是景山。……

空间结构的关键是要建立起明确的空间关系。

（三）时空并用结构

时空并用结构同时以时间和空间的变换组织文章。事件的发生、发展往往伴随着空间的转移。像小说（尤其是中长篇小说）、戏剧文学等，情节复杂，人物交织，通常采用时空并用模式。下文是王石、房树民《为了六十一个阶级弟兄》中的一个段落：

现在，是七点半钟以后

一辆胜利牌小轿车，从卫生部大门里急驰出来，奔向特药商店。

车子来了。这时候，正像老何事后所描绘的：也不知那一箱子药品，到底是怎么拿出去的。只见大家一拥而上，生怕误了一分一秒的时间，生怕有个拿不住摔到地上，许多只手擎着这一千支"二巯基丙醇"，挤出商店那狭小的门，轻轻地把它放在胜利牌小轿车最好的席位上！胜利牌轿车载着一千支"二巯基丙醇"，正在灯火辉煌的大街上，在静谧的京郊林荫大道上，响着喇叭，箭也似地向机场疾驰。

就在同一个时间内

平陆县邮政局的电话铃声一阵疾响。从下午三点开始，平陆——北京的长途电话已经成为一条极为敏捷的专线。这电话又是空军领导机关打来的。守护在电话机旁的邮政局长董鸿亮同志，忙把电话接到县委会。郝书记接过电话，只听见：

"请赶快物色一块平坦地带，要离河道远些准备四堆柴草。飞机一到，马上点火，作为空投标志！"

"好！立即准备！"

……

这个段落包括2个小段落，分别叙述了发生在卫生部和平陆县邮政局两地的事情。两件事是同时发生的，两件事本身按时间顺序叙述。相对于时间结构，时空并用结构给事件提供了发生场地，更能使读者如临其境，感同身受。

二、认知结构

文章主要反映思维成果。认知关系在段落组织中十分常见。常见的像并列、因果、转折等都是人们对事物间各种联系的理性认知。

（一）并列结构

段落间存在并列关系。比如梁实秋《女人》从"说谎""善变""善哭""话多""胆小""聪明"等几个部分来阐述自己对女人的认识。

女人善变，多少总有些哈姆雷特式，拿不定主意……

女人善哭。从一方面看，哭常是女人的武器，很少人能抵抗她这泪的洗礼。……

女人胆小。看见一只老鼠而当场昏厥，在外国不算是奇闻……

并列关系的几个部分表面上看可以调换位置，实际上也是有轻重先后的。就上文来说，作者明显把女人比较突出的特点放在前面，笔墨也用得更多。

进行比较的几个方面实际上也是并列的。例如：

如果一篇文章，有的只是华丽的辞藻，有的只是庞杂的材料，却并不打算说明什么问题，解决什么问题，人们读过以后，根本不知道作者是在赞成什么，反对什么；那样的文章，人们通常就称之为"没有观点"的文章，也就是没有灵魂的文章。

真正的好文章，一定要鲜明而有力地拥护那应当拥护的东西，同时也一定要鲜明而有力地反对那应当反对的东西。这才会是生气勃勃的好文章。

（施东向《义理、考据和辞章》）

这两个部分调换下位置不影响其中心意思。差别在于是先批驳再立论还是相反。

总之，相辅相成也好，相反相成也好，都是为了集中突出段落的中心意思。

（二）因果结构

因果关系是先后两个事件之间的作用关系，其中前一个事件是原因，后一事件被认为是前一事件的结果。下面是恩格斯《在马克思墓前的讲话》中的一个段落：

……他毕生的真正使命，就是以这种或那种方式参加推翻资本主义社会及其所建立的国家设施的事业，参加现代无产阶级的解放事业，正是他第一次使现代无产阶级意识到自身的地位和需要，意识到自身解放的条件。斗争是他的生命要素。很少有人像他那样满腔热情、坚韧不拔和卓有成效地进行斗争。最早的《莱茵报》（1842年），巴黎的《前进报》（1844年），《德意志—布鲁塞尔报》（1847年），《新莱茵报》（1848—1849年），《纽约每日论坛报》（1852—1861年），以及许多富有战斗性的小册子，在巴黎、布鲁塞尔和伦敦各组织中的工作，最后，作为全部活动的顶峰，创立伟大的国际工人协会，——老实说，协会的这位创始人即使没有别的什么建树，单凭这一成果也可以自豪。

正因为这样，所以马克思是当代最遭忌恨和最受诬蔑的人。各国政府——无论专制政府或共和政府，都驱逐他；资产者——无论保守派或极端民主派，都竞相诽谤他，诅咒他。他对这一切毫不在意，把它们当作蛛丝一样轻轻拂去，只是在万不得已时才给以回敬。现在他逝世了，在整个欧洲和美洲，从西伯利亚矿井到加利福尼亚，千百万革命战友无不对他表示尊敬、爱戴和悼念，而我敢大胆地说：他可能有过许多敌人，但未必有一个私敌。

前面叙述马克思从事的事业，后面叙述人们的反应。很显然后者是前者的结果。也可以先说结果再说原因。比如茅以昇《中国石拱桥》中的一个段落：

我国的石拱桥有悠久的历史。《水经注》里提到的"旅人桥"，大约建成于公元282年，可能是有记载的最早的石拱桥了。我国的石拱桥几乎到处都有。这些桥大小不一，形式多样，有许多是惊人的杰作。其中最著名的当推河北省赵县的赵州桥，还有北京丰台区的卢沟桥。

……

为什么我国的石拱桥会有这样光辉的成就呢？首先，在于我国劳动人民的勤劳和智慧。他们制作石料的工艺极其精巧，能把石料切成整块大石碑，又能把石块雕刻成各种形象。在建筑技术上有很多创造，在起重吊装方面更有意想不到的办法。如福建漳州的江东桥，修建于800年前，有的石梁一块就有200来吨重，究竟是怎样安装上去的，至今还不完全知道。其次，我国石拱桥的设计施工有优良传统，建成的桥，用料省，结构巧，强度高。再其次，我国富有建筑用的各种石料，便于就地取材，这也为修造石桥提供了有利条件。

后面这一自然段先用一个设问同上文建立联系，然后指出产生前述成就的三个原因。

需要注意的是，因果结构中的"因""果"孰轻孰重没有定准。前一例重点在马克思的事业，人们的反应衬托其事业的巨大影响，也就是重点在"因"。后一例重点在中国石拱桥的辉煌成就，取得成就的条件具有补充性质，也就是重点在"果"。重点内容所占的篇幅明显要多一些。

（三）转折结构

后面的段落不顺着前面说下去，即为转折。静态地看，构成转折的两部分可以进行对比。但转折是动态的，意思在往前走，只是走到了另外的方向。例如彭荆风《驿路梨花》中的一段：

……

这是哀牢山南段的最高处。这么陡峭的山，这么茂密的树林，走上一天，路上也难得遇见几个人。夕阳西下，我们有点着急了，今夜要是赶不到山那边的太阳寨，只有在这深山中露宿了。

同行老余是在边境地区生活过多年的人。正走着，他突然指着前面叫了起来："看，梨花！"

白色梨花开满枝头，多么美丽的一片梨树林啊！

老余说："这里有梨树，前边就会有人家。"

……

第二个自然段之后的意思没有顺着第一个往下说，而是向新的方向发展了，类似于"山重水复疑无路，柳暗花明又一村"。

同样要指出的是，转折结构中的两部分也没有固定的轻重模式。上面的例子重在转折之后的部分，前面的只是一个铺垫。下面的例子则相反：

退潮的时候，我扶着她走近窗边，指着海说："一来一去，来的时候凶猛；去的时候又多么平静呵！一样的美。"

然而她怀疑我的话，她总觉得那是使她恐惧的。但为了我，她仍愿意陪着我住在这个危楼。

（鲁彦《听潮》）

第二个自然段没有顺着第一个说下去，但没有转换思路，只是由妻子的恐惧衬托"我"对海的喜爱。

（四）心理结构

以作者或者人物情绪、心理的变化来组织段落结构的方式被称为心理结构。"意识流"是比较典型的心理结构。例如弗吉尼亚·伍尔芙《墙上的斑点》即以作者对墙上的斑点的认识过程来组织材料、安排段落的。女主人公冬日坐在壁炉前吸烟，透过烟雾，看到墙上的一个斑点。她反复猜想着它是什么，于是无数"无意识的幻觉"像潮水一般"一哄而上"。

大约是在今年一月中旬，我抬起头来，第一次看见了墙上的那个斑点。为了要确定是在哪一天，就得回忆当时我看见了些什么。现在我记起了炉子里的火，一片黄色的火光一动不动地照射在我的书页上；壁炉上圆形玻璃缸里插着三朵菊花……

……我想到什么地方啦？是怎么样想到这里的呢？一棵树？一条河？丘陵草原地带？惠特克年鉴？盛开水仙花的原野？我什么也记不起来啦。一切在转动、在下沉、在滑开去、在消失……事物陷进了大动荡之中。有人正在俯身对我说：

"我要出去买份报纸。"

"是吗？"

"不过买报纸也没有什么意思……什么新闻都没有。该死的战争，让这次战争见鬼去吧！……然而不论怎么说，我认为我们也不应该让一只蜗牛趴在墙壁上。"

哦，墙上的斑点！那是一只蜗牛。

意识流是大脑的活动，表面上比较感性，背后有理性支持。

散文中也常见心理结构模式。这些文章看上去时空线索上是乱的，但实际上有隐含的线索将它们组织起来，即所谓形散而神不散。

三、言说结构

时空结构、认知结构都是反映感知、思维对象之间关系的。段落中还有详述、概括、举例、阐释等，是在语言层面进行的，称为言说结构。

（一）分合结构

可以先概述，再分说。也可以先分说，再总结。还可以先概述，再分述，最后总结。这种结构可以把一个意思说得非常清楚。比如叶圣陶《苏州园林》第二自然段：

设计者和匠师们因地制宜，自出心裁，修建成功的园林当然各个不同。可是苏州各个园林在不同之中有个共同点，似乎设计者和匠师们一致追求的是：务必使游览者无论站在哪个点上，眼前总是一幅完美的图画。为了达到这个目的，他们讲究亭台轩榭的布局，讲究假山池沼的配合，讲究花草树木的映衬，讲究近景远景的层次。总之，一切都要为构成完美的图画而存在，决不容许有欠美伤美的败笔。他们唯愿游览者得到"如在画图中"的美感，而他们的成绩实现了他们的愿望，游览者来到园里，没有一个不心里想着口头说着"如在画图中"的。

（叶圣陶《苏州园林》）

这里概述苏州园林"讲究亭台轩榭的布局，讲究假山池沼的配合，讲究花草树木的映衬，讲究近景远景的层次"，"一切都要为构成完美的图画而存在"。下面几个自然段分别就这几个方面进行比较详细的说明。分、合之间互相印证、互相支撑。

再如梁启超《敬业与乐业》，开头点明主旨，即敬业乐业是人类生活的不二法门，接着分别叙说敬业与乐业，最后作结。是所谓总—分—总结构。

（二）例证结构

先概括基本意思，再举事例以作支撑。与分合关系不同，例说举典型事例，达到"以偏概全"的目的。例如：

在这次抗洪救灾的前线，没有一处没有解放军，没有一处不是解放军打头阵，他们发出"灾区就是战场，救灾就是打仗"的口号。冒着瓢泼暴雨，冲进激流恶浪，抢救落水群众。……哪里最危险，哪里就有解放军，哪里最困难，哪里就有解放军。

这里，我要说说成昆铁路上断桥河边解放军救人的事迹。位于凉山利子依达沟上的铁路大桥，被暴雨造成的巨大泥石流冲断了，刚好有一列客车运行到那里，冲向断桥，车头和两列车厢滚下了河。附近的驻军闻讯后，立即冒着暴雨，跑步几十里，同列车上还活着的乘务人员和受轻伤的旅客，一起救死扶伤，到淹了水的车厢中寻找和抢救受伤旅客，把他们一个一个背了上来。有的解放军战士和乘务员双膝跪地，抓着乱草往上爬，以致长长的陡壁上留下了条条血迹。救起的人眼泪簌簌直流，感动地说："你们用鲜血换来我的生命，我一辈子忘不了你们的恩情。"

（马识途《我们打了一个大胜仗》）

前一个自然段概括叙述了解放军参与抗洪救灾的基本情况，后一个自然段详细叙述了一个典型事例。点面结合，相得益彰。

（三）解说结构

后面的段落对前面段落进行解释、说明、评价等。例如：

……

有一次，他特地嘱咐县委办公室的一个干部：

"你回去对县委的同志说，让他们把我没写完的文章写完。还有，把秦寨盐碱地上的麦子拿一把来，让我看看！"

这是多么高尚的人啊！他心里装着全体人民，惟独没有他自己。

（穆青、冯健、周原《鞠躬尽瘁》）

末尾自然段是对焦裕禄言行的评价。

上面各种结构类型是从实际文章中概括出来的，有一定的代表性。但还有没有概括进来的，或者大类下面还有小类，需要做进一步概括。

思考题

一、把段落结构关系概括为事理关系、认知关系、言说关系的依据是什么？

二、段落结构与句群结构有何异同？原因是什么？

三、段落结构类型与文体有关系吗？请结合文章实例进行讨论。

实践题

　　一、选一篇文章，划分其段落层次，并判定各层次结构关系类型。

　　二、选一篇文章，按自然段拆分、打乱，然后重新排序，并说明其依据。

　　三、根据上述实践，举一反三，研究段落结构分析中的疑难问题。

第三节　功能段

学习要点

　　了解功能段的特点，掌握提示段、总括段、连接段、强调段、插入段的作用，能够识别文章中的功能段。

　　功能段，顾名思义，就是起某种特别作用的段落。功能段篇幅比较短小，多以自然段形式出现，比较醒目。功能段在段落中起组织、凸显等作用。

　　功能段可能是一个句群，也可能是一个句子。同功能句相比，功能段作用范围比较广，作用于段落，甚至整篇文章。

一、提示段、总括段、连接段

（一）提示段

提示段一般居于一个段落的开头，提示下文涉及的对象。有了提示，读者有一个心理准备，对下文内容就不会感到突兀。看下面的例子：

苏州园林据说有一百多处，我到过的不过十多处。其他地方的园林我也到过一些。倘若要我说说总的印象，我觉得苏州园林是我国各地园林的标本，各地园林或多或少都受到苏州园林的影响。因此，谁如果要鉴赏我国的园林，苏州园林就不该错过。

叶圣陶《苏州园林》中心意思是苏州园林具有图画美特点。文章的第一个自然段谈自己对苏州园林的总体印象。很显然，这只是一个引子。

提示段通常比较简短，便于尽快入题。比如朱自清《背影》开头的自然段：

我与父亲不相见已二年余了，我最不能忘记的是他的背影。

这是一个句子。值得注意的是，紧接下来的几个自然段并没有提到背影。这句话是作用于全文的。

上面提示段是整篇文章的开头。下面提示段是文章第二个段落的开头：

晋祠之美，在山美、树美、水美。

这里的山，巍巍的如一道屏障，长长的又如伸开的两臂，将这处秀丽的古迹拥在怀中。……

这里的树，以古老苍劲见长。……

这里的水，多、清、静、柔。……

（梁衡《晋祠》）

第一个自然段只有一句话，提示下文的内容。这个自然段同时与后面三个自然段有分合关系。

可见，提示段有两种：一是纯粹的引子，引入话题，但不涉及中心意思；一是除了引入话题，还直接点明段落中心。

（二）总括段

总括段用在一个段落的末尾，对上面的意思进行概括总结，加深读者的印象，从而强化表达效果。比如鲁迅的《拿来主义》结尾一段：

总之，我们要拿来。我们要或使用，或存放，或毁灭。那么，主人是新主人，宅子也就会成为新宅子。然而首先要这人沉着，勇猛，有辨别，不自私。没有拿来的，人不能自成为新人，没有拿来的，文艺不能自成为新文艺。

总括段与提示段互相呼应，使得文章的结构脉络更加清晰，作者的意图也可以更好的凸显。比如梁启超《敬业与乐业》的开头自然段和结尾自然段：

我这题目，是把《礼记》里头"敬业乐群"和《老子》里头"安其居乐其业"那两句话，断章取义造出来的。我所说的是否与《礼记》《老子》原意相合，不必深求；但我确信"敬业乐业"四个字，是人类生活的不二法门。

......

我生平最受用的有两句话：一是"责任心"，二是"趣味"。我自己常常力求这两句话之实现与调和，常常把这两句话向我的朋友强聒不舍。今天所讲，敬业即是责任心，乐业即是趣味。我深信人类合理的生活总该如此，我盼望诸君和我一同受用！

胡绳《想和做》第一段包括五个自然段，下面是其中第五个自然段：

一事不做，凭空设想，那是"空想"。不动脑筋，埋头苦干，那是"死做"。无论什么事情，工作也好，学习也好，"空想"和"死做"都不会得到进步。想和做是分不开的，一定要联结起来。

这个自然段总括了前四个自然段的内容。总括段通常概括总结段落中心，但也有单纯结尾的。比如叶圣陶《苏州园林》最末一自然段：

可以说的当然不止以上这些，这里不再多写了。

总括段篇幅通常比较小。

（三）连接段

连接段，也称过渡段，用在段落的中间，起承上启下的作用。比如鲁迅《从百草园到三味书屋》第三自然段：

长的草里是不去的，因为相传这园里有一条很大的赤练蛇。

上文介绍百草园的乐趣，下文转到蛇的传说。这段承上启下，是一个单纯的连接段。有的连接段兼作内容上的总括和提示。比如鲁迅《孔乙己》中间的一个自然段：

孔乙己是这样的使人快活，可是没有他，别人也便这么过。

这是一个转折复句，前分句总结上文，后分句提示下文。孔乙己可笑可怜而又无足轻重，这正是上下文传递的中心意思。

总之，连接段与提示段、总括段一样，主要起组织段落的作用，也可以兼作内容上的概括。

二、强调段和插入段

（一）强调段

在文章中，短小的自然段比较醒目，单句段犹如鹤立鸡群，尤其引人注意。作者可以利用这一特点，突出强调其所表达的话题或主旨。比如鲁迅《拿来主义》第二自然段：

但我们没有人根据了"礼尚往来"的仪节，说道：拿来！

第七自然段：

所以我们要运用脑髓，放出眼光，自己来拿！

在其他自然段都是多句段或长句段的背景下，这两个短句段十分醒目。前者总结现状，后者提出新解，都突出强调了文章中心——"拿来"。

如果文章大多是这样的句子，其突出效果就不那么明显了。比如刘成章的《安塞腰鼓》：

……

黄土高原啊，你生养了这些元气淋漓的后生；也只有你，才能承受如此惊心动魄的搏击！

多水的江南是易碎的玻璃，在那儿，打不得这样的腰鼓。

除了黄土高原，哪里再有这么厚这么厚的土层啊！

好一个黄土高原！好一个安塞腰鼓！

……

这主要是利用段号的较长停顿，留足想象空间。

（二）插入段

不同于提示段、总括段以及连接段，插入段主要是对文章内容作必要的补充。插入段的内容相对独立。比如鲁迅《故乡》：

老屋离我愈远了；故乡的山水也都渐渐远离了我，但我却并不感到怎样的留恋。我只觉得我四面有看不见的高墙，将我隔成孤身，使我非常气闷；那西瓜地上的银项圈的小英雄的影像，我本来十分清楚，现在却忽地模糊了，又使我非常的悲哀。

母亲和宏儿都睡着了。

我躺着，听船底潺潺的水声，知道我在走我的路。我想：我竟与闰土隔绝到这地步了，但我们的后辈还是一气，宏儿不是正在想念水生么。……

中间的这个自然段插在前后思绪中，既不属上也不属下。这个自然段有两个方面的作用，一方面从思绪回到现实，增加行文变化，弱化思绪的灰暗沉闷，另一方面交代环境，衬托思绪，同时勾连前文。

思考题

一、怎样理解功能段的作用？

二、功能段都比较短小，为什么？

三、功能段与功能句有何不同？怎样区分功能段与功能句？

实践题

一、选一篇文章，找出其中的功能段，分析其功能。

二、去掉上文中的功能段，比较去掉前后文章在表情达意上的异同。

第四章　篇　章

第一节　篇章结构

学习要点

理解深层结构和表层结构，理解二者的关系，了解起承转合的性质，掌握开头和结尾的作用，熟悉其基本方法。

一、深层结构和表层结构

（一）两种结构的分野

篇章结构这里指的是全文的总结构或宏观结构。篇章结构与篇章的功用有密切关联。篇章一方面要表达作者的想法，即主题，另一方面要影响读者，让读者易于接受，乐于接受。与此对应，篇章结构表现为两种结构形式：一是与主题有关的深层结构，一是与读者有关的表层结构。

比如，在叙事文的写作中，通常用到顺叙、倒叙、插叙等叙事方法。这些方法改变情节的呈现顺序，目的在影响读者。这是表层结构。但是，无论用哪种顺序，故事情节及文章主题是不变的。这是深层结构。

再比如，在论文写作中，把论点放在文章开头还是末尾表达效果是不同的。先摆明观点，再用论据加以证明，这是说服。如果先摆证据，再条分缕析得出结论，这是诱导。例如：

"索嘎"并未用错

一月九日晚报刊登了《"索嘎"用错了》一文。其实，在《麦子王传奇》中，"索嘎"并未用错。

诚如该文作者王为同志所说，"索嘎"有"是吗?"或"是那样吗?"的含义，但这只是疑问口气时的含义。至于以自言自语的口气，亦即以"降调"说出这句话时，则是"原来如此啊"的意思，表示说话者已搞清了事实的真相。因而，在竹下发怒而打王庆财时，口说"索嘎"是恰如其分的。

这是一篇完整的短文。第一句话是引言，指出争论的缘起。第二句话是论点。第三、四句为论据，分别从反面和正面进行论证。第五句是结尾，强化论点。第一、五句属于文章开头与结尾，这里先不谈。第二、三、四句是论点、论据及论证。只要这三句是确定的，这篇短文的主题就是确定的。但这三句话的呈现顺序是可以变动的。这篇短文只是其表现形式之一，即"论点—反面论据—正面论据"。还可有另外的表现形式：

"索嘎"并未用错

一月九日晚报刊登了《"索嘎"用错了》一文。诚如该文作者王为同志所说，"索嘎"有"是吗?"或"是那样吗?"的含义，但这只是疑问口气时的含义。至于以自言自语的口气，亦即以"降调"说出这句话时，则是"原来如此啊"的意思，表示说话者已搞清了事实的真相。其实［可见］，在《麦子王传奇》中，"索嘎"并未用错。

因而，在竹下发怒而打王庆财时，口说"索嘎"是恰如其分的。

这是"反面论据—正面论据—论点"形式。比较这两个短文，它们的论点、论据及论证是一样的，只是呈现形式不同。论点、论据及论证表达文章主题，是深层结构，呈现形式是表层结构，可给予读者不同影响。

（二）两种结构的对立与统一

文章的深层结构和表层结构存在一些对立的属性。首先是内容与形式的对立。深层结构是语义结构，表现为一系列语义成分及其间的语义关系。比如各种冒险故事都包含相同的语义成分：

（1）离开故乡去旅行。

（2）有伙伴加入。

（3）有敌人出现。

（4）爆发战争。

（5）回到故乡。

这些语义成分在具体故事中会以不同面貌表现出来。以《西游记》为例，这五个成分分别是：（1）唐僧奉命赴西天取经。（2）路上收悟空、沙僧、八戒三个徒弟。（3）妖魔鬼怪试图阻止其完成任务。（4）唐僧师徒与妖魔鬼怪发生冲突。（5）完成取经任务并返回故乡。五个成分间关系遵从一般的事理逻辑：冒险要有伙伴，一个人冒险则不易战胜困难也无人欣赏；敌人和与敌人的斗争正是危险所在；胜利返回是冒险成功的体现。这些成分及其关系构成冒险故事的深层结构。

深层结构是语义结构，而表层结构则是形式结构，是对深层结构语义成分的排序。《西游记》总体上遵从自（1）到（5）的自然顺序，但对（3）（4）两个情节做了很多扩展，构成一个个小的冒险故事，即敌人出现—发生冲突—新伙伴（观音、神仙等）加入—战胜敌人。

其次是主题与功能的对立。深层结构的语义成分及其关系决定于文章所要表现的主题。冒险故事之所以有相同的深层结构，是因为它们有相同的主题——冒险。再比如中国民间惩恶扬善故事，通常由两个对立的主人公和两个对称的行动构成。第一个行动始于主人公 A 的某种欠缺，结局是这一欠缺得到补足，包含以下行动：（1）B 攻击 A；（2）向导引导 A 去见施予者；（3）施予者交给 A 一个任务；（4）A 完成任务并得到施予者赏赐。第二个行动始于主人公 B 的贪得无厌，结局是他受到惩罚，包含以下行动：（5）B 受到 A 的诱使去模仿他；（6）向导引导 B 去见施予者；（7）施予者交给 B 一个任务；（8）B 未能完成任务受到施予者惩罚。这类故事的组成部分及其事理逻辑关系也是固定的，这是由惩恶扬善的主题决定的。深层结构决定于主题并表现主题，因而也可以称为主题结构。

表层结构则更多地考虑文章的表达效果，尤其是要考虑读者的心理和对读者的影响。比如，儿童文学通常采用顺叙手法，娓娓道来，易于理解。推理小说则会有许多变化，考验人的认知能力，并以此吸引读者。

深层结构与表层结构既是对立的又是统一的。深层结构在文章中呈现出来，总要采用某种表层结构形式。而表层结构也总包含有深层结构的语义成分及其关系。

文章的深层结构是表达主题的语义结构，表层结构是功能导向的形式结构。深层结构与表层结构的关系类似于句子语义结构与句式的关系。同样的语义结构可以用不同的句式呈现出来。比如"小明拿走了杯子"和"杯子被小明拿走了"，语义结构相同，基本意思相同；但句式不同，表达意图有差别。

二、起承转合

"起承转合"是传统文章做法，现代文常有沿用。刘熙载

《艺概·经义概》说:"起、承、转、合四字,起者,起下也,连合亦起在内;合者,合上也,连起亦合在内;中间用承,用转,皆兼顾起合也。"如清彭端淑《为学一首示子侄》:

> 天下事有难易乎?为之,则难者亦易矣;不为,则易者亦难矣。人之为学有难易乎?学之,则难者亦易矣;不学,则易者亦难矣。
>
> 吾资之昏,不逮人也;吾材之庸,不逮人也。旦旦而学之,久而不怠焉,迄乎成,而亦不知其昏与庸也。吾资之聪,倍人也;吾材之敏,倍人也。屏弃而不用,其与昏与庸无以异也。圣人之道,卒于鲁也传之。然则昏庸聪敏之用,岂有常哉!
>
> 蜀之鄙有二僧,其一贫,其一富。贫者语于富者曰:"吾欲之南海,何如?"富者曰:"子何恃而往?"曰:"吾一瓶一钵足矣。"富者曰:"吾数年来欲买舟而下,犹未能也。子何恃而往?"越明年,贫者自南海还,以告富者,富者有惭色。西蜀之去南海,不知几千里也,僧之富者不能至,而贫者至焉。人之立志,顾不如蜀鄙之僧哉!
>
> 是故聪与敏,可恃而不可恃也,自恃其聪与敏不学者,自败者也。昏与庸,可限而不可限也;不自限其昏与庸而力学不倦者,自力者也。

此文第一段提出论题,为"起"。第二段从理论上阐发论点,是"承"。第三段举例说明论点,角度有变化,为"转"。第四段总结全文,是"合"。"起承转合"是从文章作法角度提出的。从篇章结构来看,"起承转合"又是文章的四个组成部分。

现代文也重视起承转合。比如鲁迅的《一件小事》,小说开头把"国家大事"和一件小事作对比,引出文章的话题,这就是"起"。接着写出这件小事发生的经过,分两部分:人力车撞倒一位老女人后,"我"认为车夫去搀扶老女人是自讨苦吃;当车夫毫不踌躇地搀扶她到巡警分驻所去，"我"感到车夫的形象越来越高大并自惭形秽。这就是"承"和"转"。小说最后写这件小事对自己的教育意义，这就是"合"。

起承转合契合读者的阅读心理，可以运用于各种体裁、各种内容文章的宏观结构，是一种具有普遍性的表层结构形式。

需要注意的是，起承转合也可以用来构造段落，利用的也是其心理效应。例如：

成熟的荔枝，大多数是深红色或紫色。长在树头，当然看不清它壳面的构造，只有红色映入眼帘，因而说它是"绛囊""红星""珊瑚珠"，都很逼真。至于整株树以至成片的树林，那就成为"飞焰欲横天""红云几万重"那样绚丽烂漫的动人景色了。荔枝的成熟期，广东是四月下旬到七月，福建是六月下旬到八月，都以七月为盛期，"南州六月荔枝丹"正是指的七月。荔枝也有淡红色的，如广东产的"三月红"和"挂绿"等。又有黄荔，淡黄色而略带淡红。

（贾祖璋《南州六月荔枝丹》）

这一段6个句子，第1句为"起"，2、3句为"承"，4句为"转"，5、6句为"合"。第4句转到"荔枝的成熟期"，行文有变化。

三、开头和结尾

（一）开头、结尾的性质

开头与结尾是文章的边界，非常醒目，历来受到重视。清李渔《闲情偶寄》中说："开卷之初，当以奇句夺目，使之一见而惊，不敢弃去。""终篇之际，当以媚语摄魂，使之执卷流连，若难遽别。"都是利用开头、结尾的特殊地位，加深读者印象。

开头、结尾用来建立文章与环境、读者的联系，具有明显的功能性，属于表层结构。比如《"索嘎"并未用错》，开头只是提出文章所涉话题的来源，既非论点也非论据；结尾重复文章论点，示意文章完结。单纯从内容上看，这篇短文的开头和结尾可以去掉，不会影响文章的主题。

（二）开头的原则及方法

开头居于篇首，有先入为主的效果。开头也会给文章定下基调，需要用心经营。

1. 基本原则

（1）从全局出发。开头尽管是文章的第一部分，但并不是作文的开始。作者动笔之前实际上已经完成了文章构思，对主题、材料都有了通盘的考虑。从全局出发，就是要先有文章全局，开头要迎合全局，给文章定调子。只有把开头作为文章整体的一个组成部分，才能找到合适的开头。

（2）尽快入题。清唐彪《读书作文谱》中说："文章只要单刀直入，最忌绵密周致。"如果是"千呼万唤始出来，犹抱琵琶半遮面"，读者不得要领，就会读不下去。

秦李斯《谏逐客书》开头："臣闻吏议逐客，窃以为过矣。"直奔主题。宋李涂《文章精义》评论说："文字起句发意最好，李斯上秦始皇逐客书起句，至矣尽矣，不可以加矣。"视为典范。

（3）有吸引力。文章开头的一个重要任务，就是吸引读者。林纾《春觉斋论文》说，"譬诸身到名山，未到菁华荟萃处，已有一股秀气，先来扑人。"

2. 方法举例

文章的开头要符合上述原则，发挥其应用的作用。当然也要契合文章主题、语境，并没有固定的公式。历来有不少概括，下面略举几种。

（1）开门见山。开头直接写文章的话题或主题。这样的开头，于作者而言不会跑题，对于读者而言，便于更快地了解文章内容。例如：

1949年10月1日，中华人民共和国中央人民政府成立，在首都北京举行典礼。……

（李普《开国大典》）

（2）描写环境。环境描写可以渲染一定的气氛，为文章内容进一步有效展开做好铺垫。这里所说的环境包括自然环境和社会环境。如：

廉纤的毛毛细雨，在天气还没有大变以前欲雪未能的时节，还是霏霏微微落将下来。一个小小乡场，位置在又高又大陡斜的山脚下，前面濒着躬躬儿的河，被如烟如雾雨丝织成的帘幕，一起把它蒙罩着了。

（沈从文《市集》）

（3）交代写作缘起。写作有时是一个有感而发的行为。沿着自己灵感来源入题，能真实地展现作者的创作动机，给读者一种强烈的带入感。如：

一个多月前，我还在北京，听人讲起一位艺术家的事情，我记得其中一个故事是讲艺术家和狗的……

听了这个故事，我又想起我曾经养过的那条小狗。是的，我也养过狗。那是1959年的事情……

（巴金《小狗包弟》）

（4）以名言、俗语开篇。名言俗语往往带有概括性和启发性，凝结了前人的智慧，容易引起读者的兴趣。如：

> 幼年时只知道荔枝干，壳和肉都是棕褐色的。上了小学，老师讲授白居易的《荔枝图序》，读到"壳如红缯，膜如紫绡，瓤肉莹白如冰雪，浆液甘酸如醴酪"时，实在无法理解，荔枝哪里会是红色的！荔枝肉像冰雪那样洁白，不是更可怪吗？
>
> （贾祖璋《南州六月荔枝丹》）

> "巴东三峡巫峡长，猿鸣三声泪沾裳"，猴子现在虽说看不见了，三峡中山水的险恶形势，我想同往日是没有什么不同的。
>
> （刘大杰《巴东三峡》）

（三）结尾的原则及方法

结尾居于文章末端，是给读者留下最后印象的位置。结尾有进一步表现文章主题和扩展文章内涵、增强说服力和感染力的作用。

1. 基本原则

（1）结在当结处。对于作者而言，文章在什么地方结尾，必须仔细考虑。同文章开头一样，结尾也应有全局观。应顺从主题、材料，当结则结。既不可生截硬断，以致语意不全；也不可画蛇添足，以致累赘多余。

（2）干净有力。结尾一要干净，没有多余的话，不拖泥带水；二要有力，掷地有声，增强文章的说服力和感染力。

（3）有回味余地。对读者来说，读完文章，还有一个消化吸收的过程。好的结尾应能促进读者思索回味，更好地实现文章的目的。

2. 方法举例

结尾的方法历来也有很多总结。下面略举几种。

（1）点题性收尾。结尾直接点明主题，明确自己的态度，强化表达意图。如：

> 呜呼，我说不出话，但以此记念刘和珍君！
>
> （鲁迅《记念刘和珍君》）

> 霍金不仅以他的成就征服了科学界，也以他顽强搏斗的精神征服了世界。他的事迹表明，人是可以向命运挑战的。
>
> （朱长超《向命运挑战》）

（2）呼应开头。极端的例子是结尾和开头几乎一样。如朱自清《匆匆》的开头：

> 燕子去了，有再来的时候；杨柳枯了，有再青的时候；桃花谢了，有再开的时候。但是，聪明的，你告诉我，我们的日子为什么一去不复返呢？

该文的结尾：

> 你聪明的，告诉我，我们的日子为什么一去不复返呢？

（3）以展望未来结尾。不是所有的故事或者人物都有明确的结局，这时最好留一点念想。如：

> 所谓革命高潮快要到来的"快要"二字作何解释，这点是许多同志的共同的问题。马克思主义者不是算命先生，未来的发展和变化，只应该也只能说出个大的方向，不应该也不可能机械地规定时日。但我所说的中国革命高潮快要到来，决不是如有些人所谓"有到来之可能"那样完全没有行动意义的，可望而不可即的一种空的

东西。它是站在海岸遥望海中已经看得见桅杆尖头了的一只航船，它是立于高山之巅远看东方已见光芒四射喷薄欲出的一轮朝日，它是躁动于母腹中的快要成熟的一个婴儿。

（毛泽东《星星之火，可以燎原》）

（4）交代结局，自然收尾。这是常见的一种方式，它沿着故事发生发展的脉络，对人物的命运或者事情的结果做简单交代。如：

自此以后，又长久没有看见孔乙己。到了年关，掌柜取下粉板说，"孔乙己还欠十九个钱呢！"到第二年的端午，又说"孔乙己还欠十九个钱呢！"到中秋可是没有说，再到年关也没有看见他。

我到现在终于没有见——大约孔乙己的确死了。

（鲁迅《孔乙己》）

（5）以感悟结尾。在文章的末尾，以较理性的态度表达个人的思考和感悟，明确和提升主题，同时引发读者的思考。如：

我在朦胧中，眼前展开一片海边碧绿的沙地来，上面深蓝的天空中挂着一轮金黄的圆月。我想：希望是本无所谓有，无所谓无的。这正如地上的路；其实地上本没有路，走的人多了，也便成了路。

（鲁迅《故乡》）

总之，不管以哪种形式结尾，都要符合其原则，体现其作用，当然也要契合主题、语境。

思考题

一、区分深层结构和表层结构对阅读和写作有什么意义？

二、怎样理解"起承转合契合读者的阅读心理"？请结合自己的阅读体验加以说明。

三、开头、结尾有何作用？说说各种开头、结尾的方法是怎样体现其作用的？

实践题

一、选一篇惩恶扬善的民间故事，分析其深层结构，并改写其表层结构。

二、选若干文章，分析其开头、结尾的方法及作用。

三、请为下面这篇文章添加开头和结尾。

自由之丘

记得上一次去看望奶奶时，还是初春，地上还有星星点点的雪，树木也才羞涩地抽出为数不多的绿芽，在略带凉意的风中摇曳。

一如既往，我独自走在乡间的小路上，前往最终的目的地，后大园。

后大园，顾名思义，村庄后面的大园子，虽说是"园"，但却没有任何阻隔，周围的路四通八达，田间阡陌交通，几乎占了整个村子一半的面积，正如陶渊明心中的桃花源一般，"有良田美池桑竹之属"。这是村子里的人播种和收获的地方。

走着走着，视野突然变得开阔了，那种豁然开朗的感觉，就好像从地狱突然到了天堂，像从冰窟一下子掉到了暖窝。这样的意境，怎能不让我痴迷，怎能不让我屈服，是的，它征服了我的一切，自由，属于我的自由。

偌大的场地被无数条小路分割开来，杂乱却又不失美感，年前种下的小麦，正张着葱绿的叶子，在风中乱舞，时不时有几只赶早春的鸟儿顽皮地在那叶子上啄几下，随后便唱着欢歌飞开了，像极了偷腥成功而得意的小猫，那景象就好似音符在跳跃，奏出了迎春之歌，也奏出了我对自由的渴望。

面对即将来临的中考，我心中有太多苦闷，而这一切却在此刻烟消云散，有的只是发自内心的自由和无限的快乐。

走到园子深处，连片的树林呈现在眼前，因为是初春，这里略显荒芜，而树枝上的一星半点的绿色却为这里增添了一些跳跃的活力。

脚落在那还未来得及化作春泥的枯叶上，软软的，虽然枯黄，却仍讨人喜欢，竟有些不忍心再迈出下一步。

第二节　论证结构

学习要点

掌握论证语义结构，熟悉论证方式。理解提高论证可靠性的方法，掌握论证形式结构及其效果。能够分辨论证文体，能够评价论证的可靠性。

一、语义结构

语义结构由结构成分及其关系组成。论证语义结构包括论点和论据两个成分。以《"索嘎"并未用错》为例：

论点："索嘎"没有用错。

论据1：疑问口气时，"索嘎"表达"是吗？"或"是那样吗？"的含义。

论据2：用"降调"时，"索嘎"表达"原来如此啊"的意思。

论点与论据互相依存。没有论据的论点只是个普通的命题，不支持论点的论据也只是事实的罗列或推理过程。

论证语义结构可以出现在文章局部。例如：

"袜子论古"补谈

①晚报载文，言及古代袜子称为足衣。②其实足衣有里外之分。③古人认为：袜，足之里衣，履则为足之外衣。

④汉代以前有履无袜。无论男女、贵贱都是赤足着履。⑤古代风习，登堂入室须先脱履于外。⑥《淮南子》一书中，就有古时子妇侍奉亲老时，"跣足上堂，跪而斟羹"的记载。⑦汉以来有了袜子，一般人则无福消受。⑧《史记·滑稽列传》内云：东郭先生因穷苦，足下之履无底。⑨行于雪中，足尽践地，为路人所讥笑。⑩东郭先生自我解嘲道："履行雪中，其上为履，其下为足迹，谁能为之？"⑪可见古代袜子与穷人无缘。

⑫袜着于脚末，故后人把浅薄之才称为袜材。⑬由于袜是整块布帛、皮革为之，上面以线勒住，袜线很短，故有人把一无所长的人称为袜线。

这是一篇知识小品文，介绍了关于古代袜子的一些知识。其中有两个论证结构。二、三句是一个论证结构：

论点：足衣分里外两种。

论据：古人把"袜"称为足之里衣，"履"称为足之外衣。

七至十一句是又一个论证结构：

论点：古代穷人穿不起袜子。

论据：东郭先生因为穷困穿不起袜子，被人嘲笑。

尽管有两个论证结构，但这篇文章不是论证文体。

二、论　证

论证结构的核心是论证，即用论据证明论点。论证有两种途径，即摆事实、讲道理。摆事实就是援引经验事实或通过实践活动来确定论点的真实性，也称为实践检验。《"袜子论古"补谈》中两个论证都是以事实为论据的实践检验。讲道理就是援引大家都赞同的命题，并借助推理来确定论点的真实性，也称为逻辑论证。例如：

读史使人明智，读诗使人灵秀，数学使人周密，科学使人深刻，伦理学使人庄重，逻辑修辞之学使人善辩：凡有所学，皆成性格。

（培根《谈读书》）

逻辑论证有两种方式，即归纳和演绎。归纳是由个别性知识推理出一般性知识，如上面这个例子，从历史、诗歌、数学、科学、伦理学、逻辑修辞塑造人的性格这些个别性知识过渡到一般性的知识塑造人的性格，这就是归纳。由于历史、诗歌、数学、科学、伦理学、逻辑修辞代表了当时大多数知识领域，这个结论可靠性较高。如果前提只是少数情形甚至是个别现象，则不能保证所归纳结论的可靠性。例如：

许多年前，有一次，我借来医生的听诊器，静听自己的心跳，那一声声沉稳而有规律的跳动，给我极大的震撼，这就是我的生命，单单属于我的。我可以好好地使用它，也可以白白糟蹋它；我可以使它度过一个有意义的人生，也可以任它荒废，庸碌一生。一切全在我一念之间，我必须对自己负责。

虽然肉体的生命短暂，生老病死也往往令人无法捉摸，但是，让有限的生命发挥出无限的价值，使我们活得更为光彩有力，却在于我们自己掌握。

（杏林子《生命　生命》）

"生命要自己掌握"无疑是正确的，但却很难从"静听自己的心跳"这一事件中归纳出来。归纳是依据个别性前提得出一般性结论，其结论超出了前提所论及的范围，因而需要通过提升其可靠性来增强说服力。

提升归纳可靠性的办法有两个：一是增加个案的代表性，如个案现象足够多、覆盖范围足够广、个案差异足够大；二是探求前提与结果之间因果联系和内在关系，以增加结论的可靠性。

演绎是从一般性知识前提出发推理出个别性知识结论，即用一般原理证明个别结论。例如：

管仲、隰朋从于桓公伐孤竹，春往冬返，迷惑失道。管仲曰："老马之智可用也。"乃放老马而随之。遂得道。

（《韩非子·说林上》）

这是老马识途的故事。老马能认路，这是一般性知识。现在队伍里有老马，那么这些老马能认路。这是个别性结论。这就是演绎。演绎的结论可靠性高，说服力强。

需要注意的是，论证是以真实前提为基础的，如果前提不可靠，无论是归纳还是演绎，其结论都是不可靠的。

三、形式结构

论证文体须具有宏观的论证语义结构，即全文是一个论证结构。《"索嘎"并未用错》就是这样的，因而属于论证文体。如果文章中有论证结构，但不是宏观语义结构，如《"袜子论古"补谈》，则不属于论证文体。

宏观语义结构是篇章大结构。比如吴晗《谈骨气》，全文有一个中心论点，即"我们中国人是有骨气的"，论据是三个具有代表性的例子，分别从富贵不能淫、贫贱不能移、威武不能屈三个方面支持论点。这个论证结构是全局性的，这篇文章属于论证文体。

语义结构成分的排序构成文章的形式结构。论证文体的形式结构主要体现在论点与论据的排序上面，基本的形式结构有两种。

一般论证文体大多是先列出论点，然后举证说明，《谈骨气》就是这样安排的。论点在前，可以先入为主。再进行论证，能比较容易地说服读者。这种形式特别适合演讲。研究性论文等更倾向于先列出证据，从中推理出结论。没有先入为主，读者跟作者一同推理出结论，可靠性更高。

这两种形式具有不同的表达效果。前者倾向于说服，把文章观点强推给读者；后者倾向于证实，理性客观。平常写议论文，多以阐释观点、说服读者为目的，使用前者比较多，但有时论证并不充分。

宏观语义结构是论证文体的主体部分。此外，文章还有开头和结尾。恰当使用开头、结尾，比如对论题进行澄清、介绍背景缘由、对结论进行展望等，可以增强表达效果。

《谈骨气》的开头第一句话提出论点，接着对"有骨气""骨气"进行解释。后者就是对前者的澄清，为下文的论证做好铺垫。《谈骨气》最末一个自然段揭示"有骨气"的当下意义，并不属于语义结构成分。但可以体现文章论点的时代价值，这也是文章的目的所在。

通常把论证形式结构概括为引言、本论、结尾三个部分。其中引言部分一般包括缘起、论点及澄清，本论包括论据及论证，结尾一般包括论点或展望等。如下图所示：

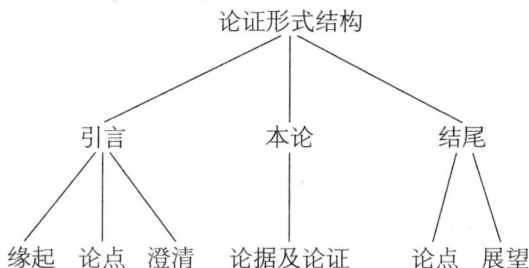

论证形式结构

引言　　本论　　结尾

缘起　论点　澄清　论据及论证　论点　展望

其中论点、论据及论证是必有的核心结构成分，论点的位置可选。缘起、澄清、展望等是可选的外围结构成分，根据需要进行安排。

思考题

一、论证语义结构包括哪些语义成分？其间关系如何？

二、"举例论证""道理论证""对比论证""比喻论证"可靠吗？它们有何表达作用？

三、怎样理解说服和证实？二者是什么关系？

实践题

一、鲁迅《拿来主义》中有论证结构吗？这篇文章是不是论证文体？

二、试着把《论骨气》改写成证据在前、结论在后的形式。比较改文与原文在表达效果上有什么不同。

三、选择中学语文课本中的议论文，分析其形式结构及其理据。

第三节　文体结构

学习要点

了解文体性质与作用，理解新闻故事与新闻结构的关系，理解新闻结构与新闻功能的关系，熟悉学术论文格式规范。

一、文体概述

文体即文章体裁，指的是文章的样式。文体的构成要素很多，包括文章的结构、表达、语言等，它们在文章的功能或目的驱动下做出一系列的调整，逐渐形成了某种综合性的特征样式。

现代文体大致上可以分为事务文体、新闻文体、科技文体、政论文体、文艺文体等大类。大类下还有小类。比如新闻文体又分为消息、通讯、特写、新闻评论、调查报告等，消息进一步分为动态消息、综合消息、述评消息、经验消息等。每种文体的使用领域不同，其结构、表达、语言等方面会有一些特点。

了解不同文体的特点，无论对阅读还是写作，都有积极意义。明徐师曾《文体明辨序》说："夫文章之有体裁，犹宫室之有制度，器皿之有法式也。……苟舍制度法式，而率意为之，其不见笑于识者鲜矣，况文章乎？"

文体结构是实现文章功能的重要形式，也是判断文体的主要指标。比如一篇论文，总要有引言、本论与结尾；一条消息，常常包括标题、导语、主体等。启功等《说八股》指出，"因为文体来自语言次序，某种常见的次序又多是实践中选择出来的。选择的标准又常是由效果好而定的。用久用多了，成了传统，成了套子，沿用的人也忘了它的所以然。"

下面以新闻结构和论文结构为例加以申说。

二、新闻结构

(一) 新闻故事

狭义的新闻也叫消息，是指通过报纸、广播、电视、互联网等媒体途径，用概括的叙述方式，以较简明扼要的文字，迅速及时地报道新近发生的事件的一种文体。

新闻报道的内容是一个事件，也就是新闻故事。与其他故事一样，新闻故事也具有六要素，即人物、时间、地点、情节、原因、结果。比如下面这则新闻：

美国总统里根和苏联领导人戈尔巴乔夫今天下午2:02分（美国东部时间）在白宫东厅正式签署了全部销毁两国中程和短程核导弹条约。

（《美苏领导人签署中导条约》，《人民日报》1987年12月10日）

新闻讲求简明扼要，不会像小说、戏剧那样铺排开来。新闻具有连续性，不必详细展示情节发展。

新闻故事是新闻的内容。记者要从故事中提炼有新闻价值的主题，并选择表现主题的材料。这与其他叙事性文体没有什么不同。

（二）形式结构

新闻的形式结构（新闻结构）比较特别。新闻是由新闻价值驱动的文体，重要的或相关的信息总是放在前面。其模式化的"倒金字塔结构"就是新闻价值和传播效果最佳化的结果。

一则新闻通常包括标题、导语、主体、背景、结尾等部分。除了"背景"位置不很固定外，其余四个部分依次而下。这几个部分相对独立，其重要性逐渐降低。新闻结构头重脚轻，类似于倒过来的金字塔。例如：

在轨运行一年
嫦娥一号完成探测任务

新华社北京10月24日电（黄全权、鲁慧蓉） 国家国防科技工业局24日宣布，截至当日，由我国自主研制并成功发射的首颗绕月探测卫星——"嫦娥一号"已按计划圆满完成在轨运行和探测一年的各项任务，共获取了1.37TB科学探测数据。

在探测任务结束后，嫦娥一号传回最后一段语音："经过一年的太空遨游，我的任务已经结束。我祝愿在'自主创新、重点跨越、支撑发展、引领未来'的方针指引下，中国的探月工程不断创造新的辉煌。"

国防科工局负责人透露，目前嫦娥一号卫星状态依然良好，剩余的燃料仍可以支持卫星继续工作，超额开展相关探测任务。

据悉，有关部门已经作出决定，将充分利用嫦娥一号卫星在轨资源为后继工程开展前期实验。具体实验项目有关专家正在论证。

中国首颗绕月探测卫星"嫦娥一号"于2007年10月24日发射，设计运行寿命一年。

（《人民日报海外版》2008年10月25日第4版）

标题位置最突出，要准确地反映报道的主要事实（即"何人做何事"），并吸引读者。"看书先看皮，看报先看题。"一篇报道，读者拿起来之后常常先看标题，然后再决定看不看正文。

导语是一篇新闻的第一自然段或第一句话。它用简明生动的文字，写出新闻中最主要、最新鲜的事实，鲜明地提示新闻的主题思想。导语一是要抓住事情的核心，二是要能吸引读者看下去。

主体是新闻的主干部分，要在导语的基础上，引入更多的新闻事实，或补足导语中尚未出现的新闻要素，或将导语中高度概括的事实具体化。主体包含多个事实时，可以按材料的重要程度由重到轻依次展开，也可以按照时间顺序或逻辑顺序展开，呈纵向结构或横向结构。

在新闻结构中，背景和结尾是可选项。新闻有时需要交代背景，包括事件的历史背景、周围环境及与其它方面的联系等，目的在于帮助读者深刻理解新闻的内容和价值，起到阐明、衬托，或深化主题的作用。常用的背景材料类型有对比性材料、说明性材料、注释性材料。结尾则有小结式、启发式、激励式、意义式、展望式等。

倒金字塔结构新闻可以从后面删节，删到只剩下导语，最后只剩下第一句话，甚至只剩下一个标题，它仍然可以作为一条新闻独立存在。下面一则倒金字塔结构新闻，可以用删节法检验。

瑞典 Sebra 电影公司来我镇取景
电视专题片"中国的乡村义务植树"将显现我镇风采

本报讯　4月14日至16日，瑞典 Sebra 电影公司拍摄组在我镇取景，拍摄电视专题片"中国的乡村义务植树"。这部专题片是国家林业局宣传办公室与国际公司合作的一个项目，特邀 Sebra 公司摄制。该片在北京、山西和广东三地取景，广东的取景地确定在我镇。

我镇是"全国植树造林绿化百佳镇"之一，全镇林业用地绿化率97%、绿化覆盖率40%以上、道路绿化率100%。

摄制组分头来到长安门、一环路、二环路、长青街、长安广场、笔迹山公园、体育中心、中心小学、莲花山、莲花山庄、乌沙、沙头、街口、友讯电子厂等地取景，并采访了我镇副镇长黄炳仪和街口村绿化队负责人邓富兄。

陪同该摄制组工作的有国家林业局宣传中心副处长杨波、省绿化办公室副主任宋尚豪，以及东莞市绿化办的负责人。

16日下午，摄制组离开我镇，乘飞机返回北京，继续北京、山西的拍摄工作。

据说，这个专题片将于今年上半年制作完成，在欧洲、美洲和亚洲等地播放，5亿以上的观众能够收看到此片。

可以看出，新闻虽然以故事为其内容，但倒金字塔结构上基本裂解了新闻故事。这是由新闻价值和传播效果推动的。

三、学术论文

学术论文是对某个科学领域中的学术问题进行研究后表述研究成果的理论文章。期刊论文、会议论文、学年论文、学位论文等都属于学术论文范畴。

学术论文的内容来源于学术研究。撰写学术论文之前必须把问题研究清楚，并得出结论。这是写作学术论文的前提。学术论文的形式有严格规范，有国家标准，如《科学技术报告、学位论文和学术论文的编写格式》（GB 7713—87）、《文后参考文献著录规则》（GB 7714—87）、《文摘编写规则》（GB 6447—1986）等。

学术论文由前置部分、主体部分和附录部分组成。前置部分主要包括题目、摘要、关键词。主体部分包括引言、正文、结论、参考文献。附录作为主体部分的补充，不是必需的。下面以期刊论文《"只有……才"的逻辑语义及其来源》为例，说明每个部分的作用与要求。

标题是论文的名称，应当准确、简明地反映论文的重要信息。论文最重要的信息就是论点，其次是所讨论的话题。《"只有……才"的逻辑语义及其来源》是话题式标题。论文标题既要准确得体，又要简短精炼。

引言的任务是简要说明研究工作的缘起、目的以及前人研究基础，提出研究课题，明确研究范围和研究途径等，也就是介绍选题依据、研究思路，为下文介绍、论证研究成果做铺垫。引言应言简意赅，其篇幅大小应与整篇论文的篇幅和内容相匹配。如《"只有……才"的逻辑语义及其来源》的引言：

"只有……才"是一组常见的关系词语，可用于单复句。关于"只有……才"的意义，代表性的观点有三种：一是表示惟一条件（吕叔湘主编 1999：681）；二是表示强制性条件（邢福义 2001：97）；三是表示必要条件，字面上有强制性，隐含有惟一性（张斌主编2001：740）。逻辑上，惟一条件即充分必要条件，强制性条件即必要条件。虚词的意义通常是依赖所处语境概括出来的，关系词语的意义尤其如此。但这样做容易将虚词所在格式的意义归到虚词上。（马真2004：212）"只有……才"的上述意义都是从语境中概括出来的，其差异可能来自所观察的语料。

本文拟从源头探讨"只有……才"的意义。语料和已有研究表明，"只有"和"才"都有一个由实而虚、由连接句法成分到连接小句的发展过程。它们先是独立使用，然后在主语前后、状语前后配对使用，最后用来连接小句。（张睿2009）鉴于此，本文着重分析单句中的"只有""才"及其配对，旨在探求"只有……才"的逻辑语义及其来源。

本文语料主要取自北京大学CCL语料库，部分来自所引文献，个别有改动。

正文是学术论文的主体部分。正文呈现研究的结论及其依据，要有论点、论据，具有论证结构。论点就是通过学术研究得到的新见解。论据是研究中得到的材料、数据、事实等，用来支撑、证明这个新见解。正文的具体写法由于学科不同、方法不同、内容不同会有差异。正文通常会根据论文内容划分成若干段落，各段落之间有一定的逻辑关系，或并列，或递进，或因果。这些段落常冠以适当的小标题，其下围绕段落中心再辖一些小的段落。如《"只有……才"的逻辑语义及其来源》的正文分三个大的段落，并冠有小标题：

> 主语前后的"只有""才"
> 状语前后的"只有""才"
> 充分条件的取消

前两个部分讨论了两种情况下"只有……才"的逻辑语义，每一部分都是一个论证结构。第三部分讨论一种特殊情况。第一、二部分之间是并列关系，第三部分与第一、二部分是递进关系。论证中要求材料可靠、数据准确、方法合理、合乎逻辑，写作上还要层次分明、脉络清晰、简明易懂。

结论部分是文章的总结，不限于归纳、重申论点，可以适当延伸，如本研究的意义，需要进一步研究的问题等。一般可以包括以下内容：①本文研究结果说明了什么问题，得出什么规律，解决了什么理论或实际的问题；②对前人有关的看法作了哪些修正、补充、发展、证实或否定；③本文研究的不足之处或遗留未解决的问题，以及对解决这些问题的可能的关键点和方向。如《"只有……才"的逻辑语义及其来源》的结论部分：

尽管"只有……才"句式通常具有充分必要条件关系，但其中的充分条件关系是添加"只有……才"之前就有的，"只有……才"只是在此基础上增加了必要条件关系。

根据前面的分析，"只有……才"的作用是限制主语、状语范围，本身没有必要条件意义。必要条件正是通过对主语、状语的限制获得的，其基础则是原来的充分条件。取消充分条件只是取消了"充分"，"条件"则被"只有……才"承继下来了。

因此，说"只有……才"表示强制性条件（必要条件）是符合事实的，说其表示唯一条件（充分必要条件）显然是把语境意义加在"只有……才"上面了。

学术论文还有摘要、关键词及参考文献部分。根据《文摘编写规则》，摘要应包括目的、方法、结果和结论等论文基本信息。摘要有两个特点，一是独立性，是指它是一篇完整的短文，可以独立使用，即不阅读全文，不借任何注释，就能获得必要的信息。二是自含性，是指摘要的内容应包括与论文同等量的主要信息。写作摘要应注意三点：第一，论文摘要要简短，并切实反映论文的核心和精髓。第二，摘要要客观。一是采用第三人称，二是不评价观点。第三，摘要避免与"引言""结论"简单重复。

关键词是为了便于管理、检索文献而从中选出来的用以表示论文主题信息的词语或术语。实际上，摘要包含了论文的重要信息，标题包含其核心信息，关键词应该在标题和摘要中选取，数量一般控制在3—8个。

写作摘要、选择关键词是对论文的一个全面检视，比如主题是否鲜明，表达是否明确，论证是否严谨等，对于写好论文很有帮助。下面是《"只有……才"的逻辑语义及其来源》的摘要和关键词：

> 提要："只有""才"是在主语、状语前后开始配对使用的。"只有"是焦点标记，"才"对焦点敏感，它们共同限制主语、状语。主谓之间隐含有条件关系，"只有"和"才"限制的状语也都是条件状语，"只有……才"的限制使它们获得了必要条件意义，受其限制的主谓之间、状中之间具有充分必要条件关系。不过，没有形式标记的充分条件可以取消，"只有……才"最终只表达必要条件。
>
> 关键词：只有；才；焦点标记；焦点敏感；条件关系

论文中直接涉及的文献都应在文末参考文献部分列出。参考文献目的有三：一是反映出真实的科学依据，二是分清自己的成果和别人的成果，三是指明引用资料出处。这些内容鲜明地体现了学术论文的学术性质。

《文后参考文献著录规则》对参考文献的标注方法作了具体规定。参考文献可以按其在正文中出现的顺序排列，也可以按著作权人姓氏音序排列。正文内文献的标注方式有顺序编码制和

"著者—出版年"制两种，与文后参考文献排序方式相对应。

思考题

一、什么是文体？文体结构是怎样形成的？

二、倒金字塔结构有什么特点？其内在逻辑是什么？

三、比较学术论文与一般论证文体，它们在结构上有何异同？

实践题

一、阅读下面一则新闻，分析其新闻结构和新闻故事。

普京说可以考虑延长新明斯克协议实施期限

新华网　莫斯科（2015年）9月12日电（记者岳连国）　俄罗斯总统普京12日说，可以考虑延长有关化解乌克兰危机的新明斯克协议的实施期限。

据塔斯社报道，普京当天在塞瓦斯托波尔对媒体说，参加乌克兰问题三方联络小组（乌克兰、欧洲安全与合作组织、俄罗斯）会谈的乌当局代表、乌前总统库奇马表示，已经来不及在规定期限内全面履行新明斯克协议。对此，普京说："原则上可以考虑延长（新明斯克协议）实施期限，因为最重要的是应确保协议得到落实。"

普京说，新明斯克协议是化解乌克兰危机的唯一选择。当务之急是促使乌当局和民间武装开展直接接触，这对落实新明斯克协议具有关键意义。他说，新明斯克协议规定，乌当局应与民间武装就宪法改革和地方选举事宜进行磋商，但目前这种磋商未能实现。

今年2月12日，俄罗斯、乌克兰、德国和法国四国领导人在白俄罗斯首都明斯克就长期政治解决乌克兰危机的综合性措施及乌东部地区停火问题达成协议。此后，乌东部大部分地区的武装冲突基本停止，但零星冲突一直不断，冲突双方都指责对方破坏停火协议。

二、采访一次校园活动，撰写一则新闻报道。

三、调查报告有比较固定的格式。试分析调查报告格式与调查内容、调查目的的关系。

第五章 表 达

第一节　表达方式

学习要点

理解表达方式的性质，掌握表达方式分类的依据，了解文体与表达方式的关系。

一、表达方式的分类

所谓表达，就是用语言表现作者对世界的认识。人们对世界的认识有两个层面：一是感性认识，即所见所闻，也就是感觉器官接触外在世界后形成的第一印象。二是理性认识，是对所见所闻进行分析后得到的各种联系、规律，是思维的成果。这两方面的内容用语言表达出来，就成了两种主要的表达方式——记叙和说明。

所谓记叙，就是把看到的、听到的事物、现象等记下来，读者可以从中"看到""听到"它们，获得具体的印象。记叙时间性强，多用叙述句。如：

1844年11月25日，德国卡尔斯鲁厄一个手工业家庭，降生了一个男孩。

记叙是让事物自主活动，作者作为旁观者，去忠实记录。所谓说明，是对感觉到的事物、现象等进行解说，揭示背后的联系和规律，读者从中可以获得一般性知识。说明逻辑性强，多用判断句。如：

卡尔·弗·本茨1844年11月25日出生于卡尔斯鲁厄一个手工业家庭。

说明是作者对感知到的事物、现象等进行分析后，呈现分析结果。

除了对世界的认识之外，人们还要表达对世界的感受。这些感受属于个人主观世界，也包括两个层面：一是情绪化的直接反应，即抒情。如：

哇！空气真好！

一是略带理性的直接评判，即议论。如：

沉默呵，沉默呵！不在沉默中爆发，就在沉默中灭亡。

抒情与议论都是有感而发，往往需要依托所见所闻。二者也都反映作者的态度，有时候难以分开。

根据上面的分析，表达方式可以从两个维度进行分类。从表达内容上看，可以分成再现世界和表现自我两类。记叙、说明属于再现世界，抒情、议论属于表现自我。从作者认识上看，可以分成感性认识和理性认识两类。记叙、抒情偏向感性，说明、议论偏向理性。

把这两个维度综合起来，表达方式就分成了以下四种：

作者的认识 表达的内容	感性认识	理性认识
再现世界	记叙	说明
表现自我	抒情	议论

所谓表达方式，并不是怎么去表达，而是表达什么。表达什么决定于表达的内容及作者对内容的认识。

作为交际工具，语言有信息功能和人际功能，一方面用来传递信息，另一方面用于人际互动。记叙、说明主要传递信息，体现语言的信息功能。抒情、议论属于人际互动，体现语言的人际功能。

二、表达方式与文体

语文教学中常常提到记叙文、说明文，指的是以某种表达方式为主的文章。学习某类文章，有利于训练某方面的思维和表达，从而提高语文能力。

文体是因文章使用领域、使用目的不同而形成的样式，比如文学文体、事务文体、新闻文体、学术文体等。文体具有综合性，包括文章内容、结构、表达、语言等多方面的因素。表达方式只是文体构成因素之一。所谓记叙文、说明文等是为教学方便而作的分类。

实际上，一篇文章常常会有多方面的内容和多种表达方式。比如记事文，常用记叙，也用说明。如果其间夹点抒情和议论，则更有感染力。比如鲁迅《故乡》中间有一段对"忙月"的说明：

我们这里给人家做工的分三种：整年给一定人家做工的叫长年；按日给人做工的叫短工；自己也种地，只在过年过节以及收租时候来给一定的人家做工的称忙月。

这段说明不但提供了新的知识，也扫除了阅读的障碍。

《故乡》的结尾有一段经典的议论：

希望是本无所谓有，无所谓无的。这正如地上的路；其实地上本没有路，走的人多了，也便成了路。

这段议论给文章增色不少。有的文章就是靠一两句议论画龙点睛，流芳百世的。例如范仲淹《岳阳楼记》的"先天下之忧而忧，后天下之乐而乐"。

记叙主要用来叙事，但也能做其他用途。比如孙世恺《雄伟的人民大会堂》主要说明人民大会堂建筑格局、功能、特点等，其中记叙了参观活动的片段，把上述内容串起来：

我们在建筑师的陪同下，从天安门广场往西走，参观了人民大会堂……

迈进金黄色的大铜门，穿过宽阔的风门厅和衣帽厅，就到了大会堂建筑的枢纽部分——中央大厅……

建筑师还领我们参观了设置在大厅北面东西两角的厨房……

说明中穿插记叙还能使文章生动，富有变化。如吕叔湘《语文常谈·语言和文字》中插入一段记叙：

记得在小学里读书的时候，班上有一位"能文"的大师兄，在一篇作文的开头写下这么两句："鹦鹉能言，不离于禽；猩猩能言，不离于兽。"我们看了都非常佩服。后来知道这两句话是有来历的，只是字句有些出入。又过了若干年，才知道这两句话都有问题。

记叙文、说明文是以记叙、说明为主要表达方式的文章。而议论文多是一些阐发理性认识的文章，以说明为主，间以记叙。

思考题

一、什么是表达方式？表达方式分类的依据是什么？

二、为什么说表达方式体现了语言的交际功能？

三、表达方式与文体有怎样的关系？

实践题

一、以中学语文课文为例，说说怎样判断记叙文、说明文、议论文？

二、分析下面散文中的表达方式。

王兄子彦

我的另一位王兄叫王子彦，是十几年前从另一所名牌大学引进来的教授、博导。这位王兄是我见到的最具个性特色的大学教师。人生在世，活的就是一个本色和特色。

子彦出身于黑龙江农家。他曾在青海当过四年兵，官至班长。每年冬季发棉袄时，总有人对自己的棉袄不满意，不是羊皮不好，就是做工有瑕疵，便要求换。每逢此时，子彦总是说，我的挺好，咱俩换吧。连队不成文的规矩，退伍时可向司务长要些豆油、花生米、大米、白面等物带回家，在20世纪70年代那可是极为珍贵的。我记得当年西街刘家的儿子从部队带来一桶油和十斤米时，全村轰动，没有不羡慕的。子彦退伍时却不找司务长，连长指导员还特意提醒，可他却摇摇头，啥也不要。出身农家，却无小农意识，王兄子彦是也。

退伍后，子彦自学化学和物理，后被选去中学当老师。1979年尝试参加高考，一不小心就考上了哈尔滨工业大学。科技哲学硕士研究生毕业后，在一所农学院当老师。时逢五四运动七十年和法国大革命二百年，年轻的子彦应校学生会之邀，"不识时务"地搞了一个"科学与民主"的讲座。此事被认为是错误，可子彦毫不买账，谁劝也没用，坚持己见认死理，差点被调去做图书馆员，晋职讲师的时间也被推迟了两年。好在深得时任校长的赏识，待晋为讲师刚一年之际，因为业绩突出而被校长特别推荐，破格晋升为副教授。

之后，子彦又读博士研究生，毕业后就来到了一所名牌大学任教。评教授时，全系只有两个名额，子彦排名第二。排名第三的是即将退休的老邱，这是他最后的一次机会，老邱一看结果立刻老泪纵横。子彦得知此事，竟然平静地对领导说，我今年不参评了，让老邱先上。而且他也没对老邱提及此事。这从未有过的先例，一时轰动了全校。子彦兄以他的行动，无意间向世人诠释了什么才是潇洒。提起此事，子彦总是一笑说，我也没损失什么，晋一级职称也就多个二百来元，年底学校评我为标兵，还奖励了我两千多块。

做博士生导师后，当时一些有背景者纷纷读博士。在利益的驱动下，有的博导竟替自己的"博士生"写毕业论文。子彦却没招一个有背景的博士生。一天晚上，一位有背景者开着车带着亲信，来给子彦送礼。子彦就是不开门。来者在门外说，王教授，我知道您不招有背景的人，可我和他们不一样，我是真心想学习的，只是向您表达一点心意！子彦说，你可以参加公平考试，我从不收礼，你要是不拿走，我就把它扔到楼下去！子彦是任性的。他还专门写了一封关于博士生培养问题的公开信。

来到我们单位后，子彦总是给人以生机勃勃的感觉，潇洒的个性特色从未改变。前些年，硕士研究生扩招时，我们学院同时申报了好几个硕士点。在汇报评估会上，各点申报人都竭力说明本专业的有利条件，对不利条件一带而过。而子彦汇报的科技伦理硕士点，在讲完有利条件后，却大讲不利条件，甚至还说目前不具备招生的条件，说得包括校领导在内的评委们，都笑了起来。结果科技伦理专业竟然获批，学校全力支持，有问题马上解决，而且还要子彦负责该专业的筹建。

王兄子彦开车遇见行人时，总是停车摆手让行人先过，他说，行人优先这是最起码的准则。子彦从没有架子，去年夏天修车时他和一位叫老铁的修车师傅成了好友，经常在QQ空间里交流，还为老铁写了散文。

我觉得生逢物欲横流的时代，人不可能没有一丝一毫的名利观念。但对名利的淡泊与超脱能像子彦那样的，已实属难得！或许正因如此，王兄子彦才成为大学中一位个性十足、特色鲜明的教授，才活得特别的自由和自在，轻松而潇洒。

我常思忖：人生一世，能如王兄子彦者，足矣。

（作者：董锋，摘自散文集《秋风中的牧羊姑娘》）

第二节　记叙和说明

学习要点

理解记叙和说明的特点，能够区分记叙和说明，能够用记叙和说明表达同一件事。

一、记　叙

（一）记叙的特点

记叙即记录人物的经历和事件的发展变化，在写人记事文章中应用广泛。记叙有两个基本特点：

（1）自主性。所记人物按自身性格、生活轨迹自主活动，所记事件按自身逻辑、环境条件自然发展，作者只是观察、记录。即使内容是虚构的，也要像亲眼所见、亲耳所闻似的。需要注意的是，记叙是经过作者过滤过的，并不是机械、照相式地被动反映人物事件。

（2）时间性。所记对象是活动的，活动在时间序列中展开，表现为一个发展过程。记叙特别注意事件发生的时间，常常使用时间名词、时间副词、时态助词等。记叙也重视时间顺序，有顺叙、倒叙、插叙等多种表现形式。

（二）记叙的视角

记叙具有自主性，其内容来自观察。记叙的视角，也就是观察的角度，主要有两种，即亲历者视角和旁观者视角。

1. 亲历者视角

又称为第一人称视角。亲历者视角以"我"的所见所闻再现人物、事件，自然、真实。在非虚构性文章如散文、日记、自传中，"我"即是作者本人。如朱自清《荷塘月色》开头：

这几天心里颇不宁静。今晚在院子里坐着乘凉，忽然想起日日走过的荷塘，在这满月的光里，总该另有一番样子吧。月亮渐渐地升高了，墙外马路上孩子们的欢笑，已经听不见了；妻在屋里拍着闰儿，迷迷糊糊地哼着眠歌。我悄悄地披了大衫，带上门出去。

以第一人称记叙，往往能在心理描摹、表达情绪等方面给人以逼真感，有时候容易使读者产生错觉，以为小说中的"我"就是作者本人。其实，在虚构性的文学作品中，"我"是作品中虚构的人物之一。如鲁迅《狂人日记》当中的"我"是狂人自己，《孔乙己》当中的"我"是咸亨酒店的一个小伙计。前者是作品的主人公，后者是事件的见证人。

第一人称视角的短处是受"我"的限制，不便于反映广阔的现实生活，也很难反映"我"以外的人物的思想感情。

2. 旁观者视角

又称第三人称视角。旁观者视角能克服亲历者视角的限制，直接客观地展现丰富多彩的生活，比较灵活自由。如鲁迅《风波》中的一段：

八一嫂正气得抱着孩子发抖，忽然见赵七爷满脸油汗，瞪着眼，准对伊冲过来，便十分害怕，不敢说完话，回身走了。赵七爷也跟着走去，众人一面怪八一嫂多事，一面让开路，几个剪过辫子重新留起的便赶快躲在人丛后面，怕他看见。赵七爷也不细心察访，通过人丛，忽然转入乌桕树后，说道"你能抵挡他么！"跨上独木桥，扬长去了。

这段记叙得非常详细，活灵活现。旁观者视角是全能视角。但这也是它的缺陷，有时难免让人怀疑事件的真实性。

（三）记叙的时间

记叙具有时间性，其记叙的人物、事件都存在于某一时间过程中。记叙中的时间可分为宏观、微观两个层面。

1. 宏观时间

宏观时间指的是事件发生发展过程，常见的有顺叙、倒叙、插叙、补叙等形式。

（1）顺叙和倒叙

顺叙是按照事件发生、发展的时间先后进行叙述。这是一种最基本最常用的叙事方式。如鲁迅《药》就是按照事情发展的时间顺序叙述的。

倒叙是把事件的结局或某一突出的片段提到前面来写，然后再从事件的开头进行叙述。倒叙强调了事件结果或高潮，易于造成悬念，形成波澜，引人入胜。如鲁迅《伤逝》。

（2）插叙和补叙

插叙是在叙述主要事件的过程中，根据表达的需要，暂时中断主线而插入另一些与中心事件有关的内容。插叙结束后，仍回到记叙主线上来。比如鲁迅《风波》就多次运用了插叙。插叙补充丰富了人物、事件及背景，使故事内容得以充实，同时形成断续变化，使行文错落有致。

补叙是在叙述过程中对前文涉及的某些事物和情况作必要的补充、交代。补叙的作用在于对前文所设伏笔作出回应，或对前文中有意留下的接榫处予以弥合。补叙可以使内容完整充实，情节结构完善，使记叙周严，不留破绽。如管桦《小英雄雨来》末尾补叙雨来没有死的原因。

2. 微观时间

微观时间指的是某个动作行为发生的时间，常用时态助词、时间状语、连动小句等表达。下面略举数例。

（1）时态助词

爸爸看着我，摇摇头，不说话了。

迈进金黄色的大铜门，穿过宽阔的风门厅和衣帽厅，就到了大会堂建筑的枢纽部分

（2）时间状语

昨天我去看爸爸，他的喉咙肿胀着，声音是低哑的。

六年前他参加我们学校的那次欢送毕业同学同乐会时，**曾经要**我好好用功。

行毕业典礼的时候，我代表全体同学领毕业证书，并且致谢词。

（3）连动小句

他把脸转向墙那边，举起他的手，看那上面的指甲。

时间把句子同具体世界联系起来，是判断记叙的一个重要指标。

（四）记叙的方式

观察有粗细之分，记叙有详略之别。详细的记叙（详叙），细节生动，可以突出重要事件。简略的记叙（略叙），概括性强，用于简单交代事件。比较下面两段记叙：

老田头走到老孙头跟前，问道："你要哪匹马？"

"还没定弦。"

其实老孙头早相中了拴在老榆树底下的右眼像玻璃似的栗色小儿马。听到叫他的名字，他大步流星地迈过去牵上。

张景瑞叫道："瞅老孙头挑匹瞎马。"

老孙头翻身骑在儿马的光背上。小马从来没有人骑过，在场子里乱跑，老孙头揪着它的剪得齐齐整整的鬃毛，一面回答道："瞎马？这叫玉石眼，是最好的马，屯子里的头号货色，多咱也不能瞎呀。"

小猪馆叫道："老爷子加小心，别光顾说话，——看掉下来把屁股摔两半！"

老孙头说："没啥，我老孙头赶了29年大车，还怕这小马崽子？哪一号烈马我没有骑过？多咱看见我老孙头摔过交呀？"

小儿马狂蹦乱跳，两个后蹄一股劲地往后踢，把地上的雪踢得老高。老孙头不再说话，两只手使劲揪着鬃毛，吓得脸像窗户纸似的煞白。马绕着场子奔跑，几十个人也堵它不住，到底把老孙头扔下地来。它冲出人群，一溜烟似地跑了。郭全海慌忙从柱子上解下青骒马，翻身骑上，撵玉石眼去了。这儿老孙头摔倒在地上，半晌起不来。调皮的人们围上来，七嘴八舌打趣他。

"怎么下来了？地上比马上舒坦？"

"这屯子还是数老孙头能干，又会赶车，又会骑马，摔交也摔得漂亮，啪嗒一响掉下地来，又响亮又干脆！"

几个人跑去扶起他来，替他拍掉沾在衣上的干雪，问他哪块摔痛了。老孙头站立起来，嘴里嘀咕着："这小家伙，回头非揍它不可！哎哟，这儿，给我揉揉。这小家伙，……哎哟，你再揉揉。"

郭全海把玉石眼追了回来，人马都气喘呼呼。老孙头跑到柴垛子边，抽根棒子，撵上儿马，一手牵着它的嚼子，一手抢起木棒，棒子落到半空，却扔在地上，他舍不得打。

接下来：

继续分马。各家都分了称心的牲口。白大嫂子，张景瑞的后娘，都分到相中的硬实马。老田头夫妇牵了一匹膘肥腿壮的沙栗儿马，十分满意。李大个子不在家，刘德山媳妇代他挑了一匹灰不溜的白骟马，拴到他的马圈里。

（周立波《分马》，摘自《暴风骤雨》）

要注意记叙和叙事的区别。叙事就是讲故事，通常把人物的经历和事件发展变化的过程等比较完整地表现出来。叙事包括时间、地点、人物、事件（原因、经过、结果）等要素，即交代什么人，在什么时间、地点，干什么事，其原因是什么，经过怎样，结果如何。叙事通常用记叙的方式，也可以主要用说明的方式。

二、说　明

（一）说明的特点

说明就是说而明之，对所见所闻进行思考之后，把事物的性质、状态、关系、功用等等解说清楚。与记叙相比，说明的对象不在自由活动状态，即使是动态的过程，也要分成一个一个的步骤来解说。说明的使用范围很广，像教材、商品介绍、公务文书、学术论文等都主要使用说明表达方式。

说明的基本特点有以下三点：

（1）客观性。说明是一种再现式的表达方式，但与记叙有所不同。记叙是人物自身在活动，具体可感；说明则要站在客观立场上冷静地解说，解说内容应该反映其事理，具有科学性。

（2）逻辑性。说明要按照事物的客观规律及事物之间的关系，按时间、空间或逻辑顺序等进行解说，要有清晰的解说线索。

（3）简明性。说明应简洁、明确，用精炼的语句准确说明事物的本来面貌，切忌冗长繁琐，晦涩难懂。

所谓说明文，通常指的是解说事物、阐明事理而给人以知识的文章。说明文以说明为主要表达方式，当然也会用到其他表达方式。说明也不仅仅用在说明文中，还可以用于其他类型的文章。

（二）说明的方法

说明的方法很多，经常提及的有定义说明、解释说明、分类说明、比较说明、数字说明、举例说明等。这些方法大体上可以归纳为两类：揭示内涵的，如下定义、作解释、作比较等；明确外延的，如分类别、举例子等。

1. 定义说明

下定义是揭示概念所反映事物的本质属性的方法，通常用"属"加"种差"的方式进行。"属"就是被定义的概念所属类别，是一个更高层次的概念。"种差"是同一类属的概念之间的区别性特征。比如华罗庚《统筹方法》：

统筹方法，是一种安排工作进程的数学方法。

其中，"数学方法"就是高层次概念，"安排工作进程"就是"统筹方法"与其他数学方法相区别的特征。这种定义也叫实质定义。此外，常见的定义方法还有发生定义、关系定义、功用定义等。下面各举一例：

当地球运行到月球和太阳中间时，太阳的光正好被地球挡住，不能照射到月球上去。因此，月球上就出现阴影，这种现象叫月食。
偶数就是能被2整除的数。
笔是用来书写和画画的文具。

下定义要求定义和被定义概念范围大小完全相同，可以互相说明。如"用来书写和画画的文具是笔"。

2. 解释说明

解释也是揭示事物属性的方法，但不像定义那么严格。解释往往涉及概念某一方面的属性，有助于读者更具体、更深入地理解概念所指。例如朱泳燚《看云识天气》：

那最轻盈、站得最高的云，叫卷云。这种云很薄，阳光可以透过云层照到地面，房屋和树木的光与影依然很清晰。

3. 比较说明

比较就是将两个或两个以上有一定关联的事物进行对比来说明事物特征。比较可以在同类事物之间进行，也可以在不同类事物之间进行。如李四光《人类的出现》：

根据典型的化石，古人的腿比现代人短，膝稍曲，身矮壮，弯腰曲背；嘴部仍似猿人向前伸出，也没有下巴的突出。所制作的石器比猿人的有很多改进，这说明手部结构有了新的发展，因而更加灵巧。脑量比中国猿人的大些，脑子的结构复杂些，具有比猿人更高的智慧。

4. 分类说明

分类是对事物或问题，按同一标准划分为不同的类别，是揭示概念所指范围的方法。例如：

高校教师包括教授、副教授、讲师和助教等。

每次分类只能有一个标准，否则各类之间会出现交叉。如"广场上聚集了许多人，有青年，有领导，有作家，还有劳动模范等"。

5. 举例说明

列举具体的例子说明事理，可以把抽象、复杂的事物和事理说得具体明白。如竺可桢《大自然的语言》：

凡是近海的地方，比同纬度的内陆，冬天温和，春天反而寒冷。

所以沿海地区的春天的来临比内陆要迟若干天。如大连纬度在北京以南约1°，但是在大连，连翘和榆叶梅的盛开都比北京要迟一个星期。又如济南苹果开花在四月中或谷雨节，烟台要到立夏。两地纬度相差无几，但烟台靠海，春天便来得迟了。

与分类不同，举例不需要周全。举例子既能说明道理，也是支撑道理的证据。

6. 数字说明

用数字说明，数字要尽可能准确。若不是亲手获得的，则要有明确来源，并且要反复核实。如果数字作假，则非但起不到说明的效果，反而让人疑心其他数据。如茅以昇的《中国石拱桥》：

永定河上的卢沟桥，修建于公元1189到1192年间。桥长265米，由11个半圆形的石拱组成，每个石拱长度不一，自16米到21.6米。桥宽约8米，桥面平坦，几乎与河面平行。每两个石拱之间有石砌桥墩，把11个石拱联成一个整体。由于各拱相联，所以这种桥叫做联拱石桥。

这段话中的数据，客观地说明了卢沟桥的构造。

思考题

一、什么是记叙？什么是说明？各有什么特点？
二、表达方式与句间关系、段落结构关系有什么关联？
三、记叙句和说明句有什么不同？

实践题

一、选择一篇记叙文，分析记叙的时间性特点。

二、选择一篇说明文，分析说明的逻辑性特点。

三、阅读叶圣陶《景泰蓝的制作》，分析其表达方式，并把它改写成记叙文。

第三节 描写、议论、抒情

学习要点

了解描写、议论、抒情的特点，熟悉它们表达上的作用，掌握描写、议论、抒情的常见方法。

一、描 写

（一）描写与记叙

描写是记叙的一种特别形式，是记叙中的慢镜头、放大镜。描写用以突出人物、环境、景物等的细节，表现描写对象的个性特点，让读者如见其人，如闻其声，如临其境。

描写需要有细致的观察。如鲁迅《祝福》：

柳妈的打皱的脸也笑起来，使她蹙缩得像一个核桃；干枯的小眼睛一看祥林嫂的额角，又钉住她的眼。祥林嫂似乎很局促了，立刻敛了笑容，旋转眼光，自去看雪花。

柳妈对祥林嫂一番不怀好意的揣测之后，作者对那一刹那柳妈和祥林嫂神态的捕捉，揭示了柳妈阴暗心理和祥林嫂的胆怯与孤寂，令人印象深刻。

描写需要有细心的体会。如鲁迅《阿Q正传》中，对阿Q愚昧、自欺、夜郎自大的心理刻画得十分细腻：

赵太爷钱太爷大受居民的尊敬，除有钱之外，就因为都是文童的爹爹，而阿Q在精神上独不表格外的崇奉，他想：我的儿子会阔得多啦！加以进了几回城，阿Q自然更自负，然而他又很鄙薄城里人，譬如用三尺长三寸宽的木板做成的凳子，未庄叫"长凳"，他也叫"长凳"，城里人却叫"条凳"，他想：这是错的，可笑！油煎大头鱼，未庄都加上半寸长的葱叶，城里却加上切细的葱丝，他想：这也是错的，可笑！然而未庄人真是不见世面的可笑的乡下人呵，他们没有见过城里的煎鱼！

（二）描写的方法

描写基于细致的观察和细心的体会，把平常不易观察到的细节再现出来就是描写。描写的方法主要有两种，一是在空间上把细节放大，二是在时间上把节奏放慢。

1. 放大细节

观察一个人，粗粗一看，可能不会留下什么印象。如果能留意到某些细节，就会过目不忘了。如张爱玲小说《红玫瑰与白玫瑰》中，将娇蕊极具肉感的美丽写得十分具体：

她那肥皂塑就的白头发下的脸是金棕色的，皮肉紧致，绷得油光水滑，把眼睛像伶人似的吊了起来。一件条纹布浴衣，不曾系带，松松合在身上，从那淡墨条子上可以约略猜出身体的轮廓，一条一条，一寸寸都是活的。

这是人物描写，通过放大容貌、神情、姿态、服饰等细节来揭示人物性格。又如鲁迅《祝福》中对鲁四老爷书房的描写：

我回到四叔的书房里时，瓦楞上已经雪白，房里也映得较光明，极分明的显出壁上挂着的朱拓的大"寿"字，陈抟老祖写的；一边的对联已经脱落，松松的卷了放在长桌上，一边的还在，道是"事理通达心气和平"。我又无聊赖的到窗下的案头去一翻，只见一堆似乎未必完全的《康熙字典》，一部《近思录集注》和一部《四书衬》。

这是环境描写，放大了对联和书籍的内容，可以看出鲁四老爷是深受封建礼教影响的旧士绅。

2. 放慢节奏

放大主要是就静态对象而言，把不易观察到的细节明示出来。放慢是就动态对象而言，把容易忽略的过程凸显出来。如朱自清的《背影》：

我看见他戴着黑布小帽，穿着黑布大马褂，深青布棉袍，蹒跚地走到铁道边，慢慢探身下去，尚不大难。可是他穿过铁道，要爬上那边月台，就不容易了。他用两手攀着上面，两脚再向上缩；他肥胖的身子向左微倾，显出努力的样子。这时我看见他的背影，我的泪很快地流下来了。

二、议　论

（一）议论与论证

议论通常有两个意思，一是对叙述、说明的对象直接表明观点，体现作者的立场、态度；二是对自己的观点加以证明，说服别人理解、相信自己的观点。前一种议论常见于记叙文、说明文中，只是单纯表明作者的认识，无须证明。后者又称为论证，必须以确实的论据和严密的逻辑证明自己的观点。

论证都有一个论证结构，由论点、论据和证明方法组成。这其实是一种语义结构，不是一种表达方式。作为一种表达方式，议论是对人物、事件、事物等直接表明自己的观点。其特点就是"直接表明"，无须论证。如鲁迅《故乡》结尾：

我想：希望是本无所谓有，无所谓无的。这正如地上的路；其实地上本没有路，走的人多了，也便成了路。

（二）议论的作用

议论配合记叙、说明使用，是辅助性的表达方式。议论的作用主要是显化、深化主题，也可以用来组织文章。

议论通常不是就事论事，而是结合主题而发。恰当的议论可以揭示、深化主题。如杨朔《荔枝蜜》：

我的心不禁一颤：多可爱的小生灵啊！对人无所求，给人的却是极好的东西。蜜蜂是在酿蜜，又是在酿造生活；不是为自己，而是在为人类酿造最甜的生活。蜜蜂是渺小的；蜜蜂却又多么高尚啊！

议论也可以用来组织文章。如魏巍《谁是最可爱的人》讲了三个故事，彼此之间无直接联系，作者就是通过三段议论把它们整合起来的。

……

朋友们，当你听到这段英雄事迹的时候，你的感想如何呢？你不觉得我们的战士是可爱的吗？你不以我们的祖国有着这样的英雄而自豪吗？

……

朋友，当你听到这段事迹的时候，你的感觉又是如何呢？你不觉得我们的战士是最可爱的人吗？

……

朋友们，用不着繁琐的举例，你已经可以了解到我们的战士，是怎样的一种人，这种人是什么一种品质，他们的灵魂是多么的美丽和宽广。他们是历史上、世界上第一流的战士，第一流的人！他们是世界上一切善良人民的优秀之花！是我们值得骄傲的祖国之花！我们以我们的祖国有这样的英雄而骄傲，我们以生在这个英雄的国度而自豪！

最后一段议论还有总结作用。记叙、说明中使用议论，一要避免空发议论，二要避免喧宾夺主。

（三）议论的安排

议论安排在文章末尾的比较常见。如《史记》每篇传记文后均设"太史公曰"一段文字，以表达他对传主一生行事、遭遇的总结性意见。范仲淹《岳阳楼记》也是先叙后议，作者先叙岳阳楼的胜景，最后再议论，写出了千古名句："先天下之忧而忧，后天下之乐而乐。"可说是画龙点睛之笔。

也可主题先行，先议后叙，例如茅盾《白杨礼赞》，一开头就议论："白杨树实在是不平凡的。"然后，再叙高原的风貌，白杨树的外形和精神，使开头的议论，有所依据。

还可以夹叙夹议，例如竺可桢《哥白尼》，在叙述了哥白尼生平和主要贡献之后，第三、四自然段的开头都有议论，概括地动学的巨大意义，第五自然段在引叙了哥白尼给教皇的信之后，也有议论。通过夹叙夹议，来赞扬哥白尼的革命精神。

三、抒 情

（一）抒情与议论

抒情与议论表达作者的情感、态度等，而情感态度总有缘由，它们是抒情、议论的前提、基础。抒情、议论常常交织在一起，如上引《谁是最可爱的人》中的议论使用了许多反问句、感叹句，就带有强烈的感情。

但抒情和议论还是有所不同。议论属于认识方面，偏向理性。抒情属于情感方面，偏向感性。比如鲁迅《为了忘却的记念》有两条线索：一条是记叙烈士生前表现的线索，一条是作者怀念烈士、憎恨敌人的抒情、议论的线索。其中一些议论、抒情是分别进行的。

他的心情并未改变，想学德文，更加努力；也仍在记念我，像在马路上行走时候一般。但他信里有些话是错误的，政治犯而上镣，并非从他们开始，但他向来看得官场还太高，以为文明至今，到他们才开始了严酷。其实是不然的。

后两句是议论，对柔石的行为、观念加以评论。下面最末一句带有强烈的感情。

但忽然得到一个可靠的消息，说柔石和其他二十三人，已于二月七日夜或八月晨，在龙华警备司令部被枪毙了，他的身上中了十弹。

原来如此！……

（二）抒情的方法

1. 直接抒情

抒情诗直接对有关人物和事件表明爱憎情绪。如《上邪》，"上邪！我欲与君相知，长命无绝衰。山无陵，江水为竭，冬雷震震，夏雨雪，天地合，乃敢与君绝。"用直抒胸臆的方式表达了一个少女对男子的爱情。再如：

人生百岁，年少的时候，只有七八年的光景，这最纯最美的七八年，我就不得不在这无情的岛国里虚度过去，可怜我今年已经是二十一了。

槁木的二十一岁！

死灰的二十一岁！

我真还不如变了矿物质的好，我大约没有开花的日子了。

知识我也不要，名誉我也不要，我只要一个安慰我体谅我的"心"！一副白热的心肠！从这一副心肠里生出来的同情！从同情而来的爱情！

（郁达夫《沉沦》）

这类抒情诗、抒情散文，往往已经有某种情感，然后依托记叙、说明等表达出这种情感，是用情感作为线索，串联叙说的内容。

2. 间接抒情

（1）寓情于景

即作者把自身所要抒发的情感、表达的思想寄寓在景物之中，通过描写景物予以抒发。在茅盾小说《动摇》中，男主人公方罗兰借庭院中的南天竹抒发对孙舞阳的爱慕之情，此时，南天竹和孙舞阳的形象已经融为一体：

方罗兰惘然站着不动。夜带来的奇异的压迫，使他发生了渺茫惘怅的感觉。一个幻象，也在他的滞钝的眼前凝结起来，终于成了形象：兀然和他面对面的，已不是南天竹，而是女子的墨绿色的长外衣。全身洒满了小小的红星，正和南天竹一般大小。而这又在动了。墨绿色上的红星现在是全体在动了。它们驰逐迸跳了！像花炮放出来的火星，它们竞争地往上窜，终于在墨绿色女袍领口的上端聚积成为较大的绛红的一点；然而这绛红点也就即刻破裂，露出可爱的细白米似的两排。呵！这是一个笑，女性的迷人的笑！再上，在弯弯的修眉下，一对黑睫毛护住的眼眶里射出了黄绿色的光。

（2）寓情于事

作者因事动情，把感情融化在记叙中，使其具有明显地感情色彩。如魏巍《依依惜别的深情》中的一段抒情：

这一夜，有多少朝鲜人家没有合眼，有多少人家午夜三点就亮起了灯，他们再一次整理好花束，把礼物放进竹篮，坐等着集合号就要响起的拂晓。拂晓，这是深秋的拂晓呵，可是人们已经走出来了，穿着单薄的衣裳走出来了。老人们戴着高高的乌纱帽。妇女们顶着竹篮，背着孩子。人们都拿着枫叶。就是背上的孩子，小手里也拿着枫叶。他们站在大路边，站在寒气袭人的晓风中。

（3）寓情于理

在议论中带有情感，使议论具有感染力。如李存葆《高山下的花环》中的一段：

这真是位卑未敢忘忧国！像梁三喜他们，尽管十年动乱给他们留下了难言的苦楚，但当祖国需要他们的时候，他们一个个都以身许国！我们的民族是伟大的，这就是伟大之所在！我们的事业是有希望的，这就是希望之所在！鲁迅说："惟有民魂是值得宝贵的"，梁三喜他们，真正称得上是我们的民族之魂！

这是议论，也是抒情。

思考题

一、为什么说描写是记叙的一种特别形式？描写与详叙有何异同？

二、议论文是主要使用议论表达方式的文章吗？为什么？

三、议论与抒情在表达中有何作用？

实践题

一、选一篇议论文，分析其所用的表达方式。

二、选一些文章，找出其中的议论和抒情，说说判断议论和抒情的依据是什么。

第六章 语 言

第一节 语 体

学习要点

掌握口语、现代书面语、文言的异同，理解通俗、正式、典雅风格的差异及成因，了解语体的性质。

一、汉语子系统

汉语有悠久的历史，有绵延不绝的文献记载。自先秦以来，汉语不断发展并形成了明显不同的样式。当前影响比较大的是口语、现代书面语和文言文。它们在词汇、语法上都有特点，是汉语的子系统。

(一) 口 语

口语即日常口头交际用语。在文字产生以前，口语是语言的唯一存在形式。

口语对语境的依赖性比较强，具有自发性和随意性。语音上，口语可以借声音的高低、长短、快慢、顿挫等表现不同的意义。例如看演出，台下喊"好"，声音短促是喝彩，拉长可能是喝倒彩。词汇上，口语词汇量不大，单音节词比较多，常出现俗语、谚语、俚语、歇后语等生活用语，有较多体现情感、语气的成分。语法上，存在省略、重复、颠倒、脱节、补说等现象，句式灵活，短句、不完全句较多，句子结构比较松散。此外，还可能有"嗯""呃""这个""那个"之类表示断续的词语。比如：

（1）人结婚以后，觉得这男同志特别懒，受罪似的，就跟她说嗯，怎么样怎么样所以经常吵架。看起来就是还是，恋爱生活就是应该还是经过一段儿时间的了解，不能特别仓仓促促就结婚，以后，在以后的生活还，都没有什么好处。生活和健，和健康都没有什么好处。因为老吵架必然就影响工作，甚至晚上或睡不好什么的。

（2）住房问题呢，还是看来呢目前还是，嗯，比较大的一个问题。啊，比如说生活上呢，嗯，收入少点儿呢，老师可以生活更俭朴一点，是哇。生活水平可以自己哪，根据自己的收入。可是这住房呢，老师自己是确实不好解决。个别老师甚至于还三住一间房子。像这样的条件呢，对教育工作者来说呢，也是非常不利的。

　　这是20世纪80年代北京语言学院"北京口语调查"项目调查得来的口语记录。口语用于日常交际，比较直接、感性。说话人往往不假思索，脱口而出，更接近心理真实。转录成文字后，语音上的一些特征听不到了，词汇、语法上的特点还是很明显的。

（二）现代书面语

书面语是文字产生以后才有的，但并非用文字记下来的都是书面语。比如上面的两个例子就不是书面语。文字产生以后，语言突破了时间空间限制，人们可以慢慢写，边推敲边修改，直到符合表达意图为止。可见，书面语是口语的加工形式。

与口语比较，书面语自主性强，目的性强。词汇上，书面语词汇量大，除与口语共享的基本词语外，还有大量专业性的术语。书面语还有一些与口语单音节词对应的双音节词，比较：

名词

眼—眼睛	血—血液	心—心脏
天—天空	山—山脉	河—河流
云—云彩	名儿—名字	盐—食盐
沙—沙子	灰—灰尘	家—家庭

动词

买—购买	丢—丢弃	读—阅读
站—站立	走—行走	骂—辱骂
玩儿—玩耍	办—办理	追—追赶
烧—燃烧	捆—捆绑	找—寻找

形容词

宽—宽阔	忙—繁忙	旧—陈旧
湿—潮湿	笨—愚笨	快—快捷
慢—缓慢	亮—明亮	胖—肥胖
重—沉重	粗—粗糙	富—富裕

当然，双音节词也有书面语和口语对应的。比如：

吝啬—小气　恐吓—吓唬　力量—劲头

语法上，书面语句子结构比较完整，修饰成分多，句子比较长，句间关联词语较常见。书面语通常以文章形式出现，讲究篇章结构、连贯照应、修辞手段等。如：

（1）七点钟，火车喘息着向台儿沟滑过来，接着一阵空哐乱响，车身震颤一下，才停住不动了。姑娘们心跳着涌上前去，像看电影一样，挨着窗口观望。只有香雪躲在后边，双手紧紧捂着耳朵。看火车，她跑在最前边；火车来了，她却缩到最后去了。她有点害怕它那巨大的车头，车头那么雄壮地喷吐着白雾，仿佛一口气就能把台儿沟吸进肚里。它那撼天动地的轰鸣也叫她感到恐惧。在它跟前，她简直像一叶没根的小草。

（铁凝《哦，香雪》）

（2）富有而善良的邻人，感叹我收获的微少，我却疯人一样地大笑。在这笑声里，我知道我已成熟。我已有了一种特别的量具，它不量谷物只量感受。我的邻人不知和谷物同时收获的还有人生。我已经爱过，恨过，欢笑过，哭泣过，体味过，彻悟过……细细想来，便知晴日多于阴雨，收获多于劳作。只要我认真地活过，无愧地付出过，人们将无权耻笑我是入不敷出的傻瓜，也不必用他的尺度来衡量我值得或是不值得。

（张洁《我的四季》）

书面语和口语是现代汉语的两种变体，二者是对立统一的。

（三）文　言

文言是古代书面语，从先秦到清末，作为正式书面语使用了2000多年。

同现代书面语比较，文言有明显的特点。文言有许多词语现代汉语已经不用或很少用；有些古今兼用的词语，文言中保留古义，如"去鲁""再而衰"；文言单音节词多，如"足食足兵，民信之矣"；词语用法灵活，如"假舟楫者，非能水也，而绝江河"；宾语前置，如"吾谁欺？欺天乎？"等等。现代社会偶尔也需要用到文言。毛泽东祭黄帝陵文完全用文言，典雅而庄重：

赫赫始祖，吾华肇造。胄衍祀绵，岳峨河浩。聪明睿知，光被遐荒。建此伟业，雄立东方。世变沧桑，中更蹉跌。越数千年，强邻蔑德。琉台不守，三韩为墟。辽海燕冀，汉奸何多！以地事敌，敌欲岂足？人执笞绳，我为奴辱。懿维我祖，命世之英。涿鹿奋战，区宇以宁。岂其苗裔，不武如斯。泱泱大国，让其沦胥？东等不才，剑屦俱奋。万里崎岖，为国效命。频年苦斗，备历险夷。匈奴未灭，何以家为？各党各界，团结坚固。不论军民，不分贫富。民族阵线，救国良方。四万万众，坚决抵抗。民主共和，改革内政。亿兆一心，战则必胜。还我河山，卫我国权。此物此志，永矢勿谖。经武整军，昭告列祖。实鉴临之，皇天后土。尚飨！

再如汪道涵给辜振甫夫人辜严倬云女士的唁电：

辜严倬云女士如晤：

惊悉振甫先生遽归道山，哲人其萎，增我悲思。

振甫先生致力于两岸关系凡一十四年，夙慕屈平词赋，常怀国家统一，私志公义，每与道涵相契。汪辜会谈，两度执手；九二共识，一生然诺。而今风飒木萧，青史零落，沪上之晤，竟成永诀。天若有情，亦有憾焉。

两岸之道，唯和与合，势之所趋，事之必至。期我同胞，终能秉持九二共识与汪辜会谈之谛，续写协商与对话新页。庶几可告慰先生也。

深望女士与子侄辈节哀顺变，善自珍摄。

汪道涵

二〇〇五年一月三日

二、语体类型

语体是由语音、词汇、语法、修辞等语言要素组成的语言变体。当前汉语具有系统性的变体就是口语、现代书面语、文言这三个子系统。它们因与日常生活的距离远近不同而形成了不同的语体风格：口语通俗，书面语正式，文言典雅。它们是最基本的语体类型。

（一）口语—通俗语体

口语是我们的日常语言，最能反映我们的生活。口语随想随说，不拘泥于形式。口语自然习得，不需要专门学习。口语就是我们生活的一部分。于是，口语显得通俗而易懂，接地气，没架子。如果要拉近与读者的距离，让读者易于接受，就可以多使用一些口语因素。例如：

这点道理都不懂，还养鸡呢？穷折腾去吧。……再瞧瞧我们，全关在笼子里，还编上号，受洋罪。……她还想全套家具，美的她。……这为啥？一点商品信息都不懂，还搞现代化呢，嚷嚷什么呀！

（谌容《大公鸡的悲喜剧》）

这段话就像邻居间拉家常，活灵活现的。儿童故事也多用口语，通俗易懂，孩子喜欢。

（二）书面—正式语体

书面语是口语的加工形式。由于加工的缘故，书面语比口语严谨、规范，因而与读者有一些心理距离。书面语需要学习，我们学习语文，主要就是学习书面语，学习书面语的词汇、语法、修辞等。严肃而认真的文章大多会采用书面语。例如：

过去一年，在新中国历史上极不平凡。面对突如其来的新冠肺炎疫情、世界经济深度衰退等多重严重冲击，在以习近平同志为核心的党中央坚强领导下，全国各族人民顽强拼搏，疫情防控取得重大战略成果，在全球主要经济体中唯一实现经济正增长，脱贫攻坚战取得全面胜利，决胜全面建成小康社会取得决定性成就，交出一份人民满意、世界瞩目、可以载入史册的答卷。全年发展主要目标任务较好完成，我国改革开放和社会主义现代化建设又取得新的重大进展。

（李克强《政府工作报告》）

（三）文言—典雅语体

现代书面语念出来还能听得懂，文言则不行。文言距离现今太远，与现代汉语差异较大，需要较长时期专门学习。但由于文言历史悠久，又记载古代经典，在人们心目中有比较高的地位，显得庄重而典雅。现代生活中已不具备系统使用文言的条件，但可以通过引入文言词语、文言句式等，增加庄重典雅的效果。例如：

本军三大纪律八项注意，实行多年，其内容各地各军略有出入。

现在统一规定，重行颁布。望即以此为准，深入教育，严格执行。至于其他应当注意事项，各地各军最高首长，可根据具体情况，规定若干项目，以命令施行之。

（《中国人民解放军总部
关于重行颁布三大纪律八项注意的训令》）

现代文章主要是书面语体，很少有纯粹而系统的口语语体或文言语体。通常是通过增减书面语、口语或文言语体因素，以达成特定的表达效果。

思考题

一、口语、书面语、文言各有哪些特点？你还能找出一些吗？

二、通俗、正式、典雅风格是怎么产生的？

三、现代书面汉语是如何形成的？与口语、文言有何关系？

实践题

一、阅读朱自清的《荷塘月色》，分析其语体特点，并试着改变其语体特色。

二、在中学语文课文中找几篇具有通俗、正式、典雅风格的文章，并分析其语体因素。

第二节　文体语言

学习要点

掌握常见文体的语言特色，理解文体语言特色形成的理据，能够识别不同文体的语言特色。

各种语体因素可以根据需要进行掺和，以满足各种文体对语言的不同需要。

一、公　文

（一）什么是公文

公文，顾名思义，是指处理各种公务的文书。公文范围很广，包括机关行政公文、司法公文、外交公文、军事公文等。每一大类中还可以细分为若干文种。如机关行政公文中有命令、指示、通知、报告等，司法公文中有起诉书、判决书、调解书等，外交公文中有照会、声明、抗议等，军事公文中有命令、通令等。尽管文种很多，但是在语言方面，公文还是有其鲜明的共同特点的。

（二）公文的语言特点

1. 词语方面

公文在长期的使用过程中，形成了一套相对固定的专门用语，以体现公文内容的权威性、约束力和公文语言的庄重风格。如开端时用"据、根据、按照、遵照、为了、为、由于、对于、关于、兹有、兹因、兹将、兹定于"等；称谓时用"我（单位）、你（单位）、贵（单位）、本（单位）、该（单位）"等；引述时用"前接、近接、据查、据了解、近悉、欣悉、收悉、阅悉"等；经办时用"经、已经、业经、一经、复经、通过"等；判断时用"系、确系、纯系、均系、纯属"等；强调时用"须、必须、均须、务须、务必、务于、一律、一概、尤为"等；期请时用"请、特请、拟请、务请、函请、希、望、希即"等；协商时用"当否、可否、妥否、能否、是否可行、如有不当、如无不妥"等；表态时用"可、不可、可行、不可行、同意、不同意、拟予同意、照办"等；结尾时用"为要、为盼、此复、特复、此令、此布、此告、特此通告、特此函达"等。

除了这些习惯用语外，公文语言要求使用规范的书面词语，并适当使用文言词语，如"兹（现在，这里）、悉（知道，了解）、顷（刚才）、务（必须）"等实词，"其、之、者、于、以、为、则"等文言虚词，使行文显得庄重而典雅。

由于需要表述相关的目的、依据、对象、状态、方式、因果等，公文语言中介词的运用十分频繁。例如："鉴于上述事实，为严肃校纪，根据学生管理条例，经研究决定给予其开除学籍处分。"其中"鉴于""为""根据""经"四个介词，使表达准确而周严。

2. 句子方面

从句子结构上看，多用修饰成分复杂的长句。长句具有容量大、叙事具体、说理严密的优势，正符合了公文的要求。例如："王小松同志于 11 月 30 日在局党委会议上认真传达了总书记在党代会上的报告精神。"用"于……"和"在……"限制时间和场合，用"认真"表示"传达"的态度，在"报告精神"之前也用定语加以限制，从而使表达确切而严谨。

从句子语气上看，主要用陈述句和祈使句。陈述句用于陈述事实，说明问题，是公文用以表述情况、讲解政策、评议现象的主要方式。例如："你处9月30日100号文件收悉。"（表述情况）"执业经纪人的合法权益受到侵害的，可以向市工商局或者区、县工商行政管理部门、有关行政管理部门申诉，也可向市执业经纪人协会投诉。"（讲解政策）"法规处的作法是值得认真学习的。"（评议现象）祈使句用于提出要求和规定，在报请性、指挥性和规定性公文中经常使用。例如："以上请示，请批复。"（恳请性公文）"现将此文件发给你们，请参照执行。"（指挥性公文）"凡是违反的要立即制止、纠正。"（规定性公文）疑问句、感叹句则极少在公文中使用。

公文的词汇、语法等特点的集合也称为公文语体。

二、新　闻

（一）什么是新闻

新闻是指新近发生的、具有新闻价值、通过媒介传播的真实信息。依据内容不同，新闻可以分为政治新闻、经济新闻、科教新闻、社会新闻、军事新闻、体育新闻等。依据报道意图，新闻可以分为深度报道、动态新闻、综合新闻、经验新闻等。根据媒介不同，新闻可以分为报纸新闻、广播新闻、电视新闻、网络新闻等。

为了适应新闻交际领域、目的、任务等的需要，新闻也形成了一些词汇、语法、修辞特点。这些特点的集合也称为新闻语体。

（二）新闻的语言特点

1. 词语方面

多选用接近口语、"上口""顺耳"的词语，不用文言词。下面成对的词语一般选用后面的：

> 将→将要，即→就是，已→已经，昨→昨天，可→可以
> 故而→所以，所致→造成，宜于→适合，上述→上面提到
> 谓→说，乃→是，始→才，盖→大概，者→的人，该→这个

为反映新事物、新现象，大量运用新词语。如"社会主义价值观""生态文明""啃老族""北漂""群主"等。常见造词方式有以下几种：

用词缀类推造词：领导力、感召力、亲和力、感悟力、发现力、交际力、衍生力

用词义引申造词：黑点——指污点、缺点；门槛——指要求、条件；瓶颈——指制约事物正常发展的节点、部位

用比喻方式造词：蛙人——指在窨井和污水中工作的市政潜水员；绿肺——指具有人肺相同功能的城市绿地

借用外来词：克隆、麦当劳、基因、脱口秀、AA制、X光、MBA、GDP

2. 句子方面

相对于公文语言、科技作品语言，新闻语言的句子结构单位、结构关系、结构层次比较简单，容易理解。例如：

> 我们赢了！
> 驾轮椅"丈量"欧洲。
> 减负是校长分内事。
> 汉莎同意赔了。

句法成分多是主谓宾，修饰语少。有些句子看似很长，但内部关系简单、清晰。例如：

中国国务院总理温家宝11日就西班牙首都马德里发生多起恐怖爆炸事件并造成重大人员伤亡致电西班牙首相阿斯纳尔，对恐怖事件表示强烈谴责，向遇难者家属表示诚挚慰问。

这个句子主干就是"温家宝致电阿斯纳尔，表示谴责，表示慰问"，由三个并列的小句组成，是一个平行式话题链。第一个小句比较长，主要是有同位语、并列语、修饰语，认知加工并不难。

同位语：中国国务院总理温家宝、西班牙首都马德里、电西班牙首相阿斯纳尔
并列语：发生多起恐怖爆炸事件并造成重大人员伤亡
修饰语：多起恐怖爆炸事件、重大人员伤亡

3. 修辞方面

新闻要吸人眼球，需要创造一些新奇效果。这往往会通过修辞手法来实现。例如：

拟人："快车""勇气"互打招呼
欧洲航天局13日正式宣布，正在环火星轨道上运行的欧洲"火星快车"探测器日前首次与美国"勇气"号火星车取得联系，双方互致了"问候"。这是人类制造的探测器首次在外星球实现国际联系。
仿拟：索套猛于虎——辽宁咬人东北虎死因内幕独家披露
衬托：马金凤宝刀未老，小演员雏莺初啼

三、科技文

（一）什么是科技文

科技文包括科学技术著作、学术论文、科学技术报告、实验报告、科学考察报告、教材等，是记录、表现科学技术成果的文章。

（二）科技文的语言特点

科技文要求准确、简约、明晰、规范，在词汇、语法上有相应的表现。

1．词语方面

科技作品大量运用科技术语，不少还是外来词，如"欧姆、喀斯特、拓扑学、因特网"等。科技作品多选用意义精确的书面语词，极少运用口语词，尤其排斥形象色彩、感情色彩明显的词语，如"红艳艳、胖乎乎、红红的、漆黑、金黄、月儿、孩儿"等。科技作品较多地运用文言词。如"它们都营底栖生活""最简单的为氢的原子核，其质量几为氢原子的全部，称为质子"。文言词简洁，并增加典雅庄重的色彩。

2．句子方面

科技作品的语言追求精确、严密，讲求语法的规范、严整，极少用变式句。句类上以陈述句为主，疑问句为次，极少使用祈使句、感叹句。句型上以主谓句为主，使用多重复句的比例较高，会使用各种手段明晰多重复句中的层次、关系。

科技作品语言中定语主要是限制性的，为的是把概念限定得更明确，使语义表达更严密。例如：

微生物在呼吸作用中，对于氧的要求不是一致的，根据与<u>分子</u>

态氧的关系，可分为<u>有氧</u>呼吸和<u>无氧</u>呼吸两个类型。

上述词汇语法特点营造出科技感，也称为科技语体。

四、文学作品

（一）什么是文学作品

文学是语言的艺术。文学作品是作者通过对生活、社会、自然和人性的思考，形象地反映生活，表达对人生、社会的认识和情感的作品。文学作品包括散文、小说、诗歌、戏剧等。

（二）文学作品的语言特点

1. 语音方面

讲究声音的音律美，具有音乐感。例如：

双声叠韵。如：早晨，一片<u>通红</u>的阳光，把<u>平静</u>的江水照得像玻璃一样发亮。<u>长江</u>三日，千姿万态，现在已不是<u>前天</u>那样大雾<u>迷蒙</u>，也不是昨天"巫山巫峡气萧森"，而是苏东坡所谓的"楚地阔无边，<u>苍茫</u>万顷连"了。

（刘白羽《长江三日》）

押韵。如：位在浙江的海面上，舟山群岛中最优秀的一个岛屿的普<u>陀</u>，是佛门的圣地，是夏季避暑的场<u>所</u>，这是世人所熟知的了。我常常听到许多游了普陀回来的朋友说，那地方的岩石是如何奇<u>险</u>，海潮的声音是如何的悲壮，寺院的建筑是如何的庄<u>严</u>，整个的氛围气是如何的清净而高<u>旷</u>。听了这样的话，使我时常起往游普陀的遐<u>想</u>。

（倪贻德《佛国巡礼》）

2. 词语方面

注重形象化词语、情感化词语、个性化词语的选用，口语词语占很大比重。

（1）大量使用形象化词语。

在家乡的小河边，蓝莹莹的天上，太阳暖洋洋地照着，岸柳梢头，细溜溜的小风痒丝丝地吹着，多惬意，多美气。……要在乡下，临吃时去割一把韭菜，真是嫩生生，水灵灵、绿莹莹的叶尖上带着露珠儿，白生生的根梢上透着仙气儿。

（《小说选刊》1981年第7期）

（2）大量使用俗语、口语词。

这我都知道！他妈的我们蹬三轮儿的受的这份气，就甭提了！就拿昨儿个说吧，好容易遇上个座儿，一看，可倒好，是个当兵的。没法子，拉吧，打永定门一直转悠到德胜门脸儿，上边淋着，底下淌着，汗珠子从脑瓜顶儿直流到脚底下。临完，下车一个子儿没给还不算，还差点给我个大脖拐！他妈的，坐完车不给钱，您说是什么人头儿！我刚交了车，一看掉点儿了，我就往家里跑。没几步，就滑了我两大跟头，您不信瞅瞅这儿，还有伤呢！我一想，这溜儿更过不来啦，怕掉到沟里去，就在刘家小茶馆蹲了半夜。我没睡好，提心吊胆的，怕把我拉走当壮丁去！跟您说吧，有这条臭沟，谁也甭打算好好的活着。

（老舍《龙须沟》）

3. 句子方面

句式灵活多变，丰富复杂，具有艺术创造性和个性化。

（1）词性灵活多变。

（2）语序灵活自由。

（3）结构繁简灵活。

（4）句式类型丰富。

4. 修辞方面

广泛使用各种修辞手法，辞格连用、兼用、套用极为普遍。形象化辞格，如比喻、比拟、通感、借代、夸张、象征、移就等，使用频率最高。尤其是比喻、比拟，更是常见。

总体上看，文学作品的语言变化多端，几乎所有的词汇、语法、修辞手段都能见到。

思考题

一、各种文体为什么会形成不同的语言特点？

二、概括公文、新闻、科技文的语言特点，它们有何异同？

三、与其他文体比较，文学作品语言有何独特之处？

实践题

一、教材列出文学作品在句子、修辞方面的一些特点。请选一篇文学作品作具体分析。

二、阅读下面一则新闻，分析新闻语体有什么特点。

别了，"不列颠尼亚"

在香港飘扬了150多年的英国米字旗最后一次在这里降落后，接载查尔斯王子和离任港督彭定康回国的英国皇家游轮"不列颠尼亚"号驶离维多利亚港湾——这是英国撤离香港的最后时刻。

英国的告别仪式是30日下午在港岛半山上的港督府拉开序幕的。在蒙蒙细雨中，末任港督告别了这个曾居住了25任港督的庭院。

4点30分，面色凝重的彭定康注视着港督旗帜在"日落余音"的号角声中降下旗杆。根据传统，每一位港督离任时，都举行降旗仪式。但这一次不同：永远都不会有另一面港督旗帜从这里升起。4时40分，代表英国女王统治了香港5年的彭定康登上带有皇家标记的黑色"劳斯莱斯"，最后一次离开了港督府。

掩映在绿树丛中的港督府于1885年建成，在以后的近一个多世纪中，包括彭定康在内的许多港督曾对其进行过大规模改建、扩建和装修。随着末代港督的离去，这座古典风格的白色建筑成为历史的陈迹。

晚6时15分，象征英国管治结束的告别仪式在距离驻港英军总部不远的添马舰东面举行。停泊在港湾中的皇家游轮"不列颠尼亚"号和临近大厦上悬挂的巨幅紫荆花图案，恰好构成这个"日落仪式"的背景。

此时，雨越下越大。查尔斯王子在雨中宣读英国女王赠言说："英国国旗就要降下，中国国旗将飘扬于香港上空。150多年的英国管治即将告终。"

7点45分，广场上灯火渐暗，开始了当天港岛上的第二次降旗仪式。156年前，一个叫爱德华·贝尔彻的英国舰长带领士兵占领了港岛，在这里升起了英国国旗；今天，另一名英国海军士兵在"威尔士亲王"军营旁的这个地方降下了米字旗。

当然，最为世人瞩目的是子夜时分中英香港交接仪式上的易帜。在1997年6月30日的最后一分钟，米字旗在香港最后一次降下，英国对香港长达一个半世纪的殖民统治宣告终结。

在新的一天来临的第一分钟，五星红旗伴着《义勇军进行曲》冉冉升起，中国从此恢复对香港行使主权。与此同时，五星红旗在英军添马舰营区升起，两分钟前，"威尔士亲王"军营移交给中国人民解放军，解放军开始接管香港防务。

0时40分，刚刚参加了交接仪式的查尔斯王子和第28任港督彭定康登上"不列颠尼亚"号的甲板。在英国军舰"漆咸"号及悬挂中国国旗和香港特别行政区区旗的香港水警汽艇护卫下，将于1997年年底退役的"不列颠尼亚"号很快消失在南海的夜幕中。

从1841年1月26日英国远征军第一次将米字旗插上港岛，至1997年7月1日五星红旗在香港升起，一共过去了156年5个月零4天。大英帝国从海上来，又从海上去。

（作者：周婷、杨兴）

主要参考文献

曹政：《文章结构》，中国文史出版社 2013 年版

董锋：《简明写作教程》，大连理工大学出版社 2014 年版

方梅：《汉语篇章语法研究》，社会科学文献出版社 2019 年版

冯胜利：《汉语语体语法概论》，北京语言大学出版社 2018 年版

靳义增：《中国文法理论》，中国社会科学出版社 2009 年版

李景隆：《基础写作》，中央广播电视大学出版社 1993 年版

廖秋忠：《廖秋忠文集》，北京语言学院出版社 1992 年版

罗钢：《叙事学导论》，云南人民出版社 1994 年版

聂仁发：《现代汉语语篇研究》，浙江大学出版社 2009 年版

启功、金克木、张中行：《说八股》，中华书局 1994 年版

吴启主：《汉语构件语法语篇学》，岳麓书社 2002 年版

吴为章、田小琳：《汉语句群》，商务印书馆 2000 年版

徐赳赳：《现代汉语篇章语言学》，商务印书馆 2010 年版

袁辉、李熙宗：《汉语语体概论》，商务印书馆 2005 年版

张志公：《汉语辞章学论集》，人民教育出版社 1996 年版

后　记

　　这些年来，多次参加学考、高考工作，接触了不少中学语文教师。他们处理语文教材时碰到一些难题，很多都与篇章有关。篇章问题关注的学者不多，成果有限。语文教师也主要是沿袭经验，缺乏理论系统。有鉴于此，我们想面向语文教学，面向阅读和写作，编写一本汉语篇章基础教材。

　　这本教材一开始是以基础写作教程的名义来编写的。宁波大学给立了项。初稿编成后进行了几轮试用，边用边改，效果一直不理想。出版社编辑也发来灵魂之问：为什么要编这本教材？

　　回归初心，我们决定另起炉灶。确定了两条原则：一是从语言学角度审视篇章，二是理论与实际相结合。初样出来后，给本科生、研究生开设选修课，根据教学反馈不断修改。逐渐成了目前这个样子。

　　现在来看，这本教材主要是提出了一个篇章分析框架，在这个框架下分析了部分篇章现象。有的分析得深入一些，有的就直接借用了前人成果。这些内容对于理解汉语篇章规律是有益的，对于提高阅读和写作能力是有用的。

　　这本教材的面世，要感谢我的导师吴启主先生。吴先生面向语文教学的篇章研究给我们指引了方向，奠定了基础。要感谢浙江省语文教研员胡勤先生。胡先生勤于思考，给我们提出了语文教学中亟待解决的篇章问题，这是我们编写教材的直接动力。

　　我的同事王丽教授、傅海副教授、王晓辉副教授等为基础写作教材费了很多心血。十分感谢他们的无私奉献。

　　2015年以来，很多本科生、研究生选修了基础写作和篇章语言学课程，需要特别提及的有王怡、方艳、吴腾飞、洪豪佳、王时燕、张旻萱、葛子岚等，他们参与讨论，提供素材，教学相长，为完善本教材提供了很多帮助。

　　这本教材借鉴了学界同仁的研究成果，限于体例，没有一一列明。教材几易其稿，参考文献恐怕也挂一漏万。没有这些研究成果，就不可能有这本教材。

　　教材出版了，但这只是个新的起点。面向语文教学的汉语篇章研究任重而道远。

聂仁发

2021年9月于宁波大学

图书在版编目（CIP）数据

汉语篇章基础教程/聂仁发编著. —杭州：浙江大学
出版社，2021.11

ISBN 978-7-308-21906-8

Ⅰ.①汉…　Ⅱ.①聂…　Ⅲ.①汉语-语法-教材
Ⅳ.①H14

中国版本图书馆CIP数据核字（2021）第220499号

汉语篇章基础教程

聂仁发　编著

责任编辑	宋旭华
责任校对	蔡　帆
封面设计	浙信文化
出版发行	浙江大学出版社
	（杭州市天目山路148号　邮政编码310007）
	（网址：http://www.zjupress.com）
排　版	杭州浙信文化传播有限公司
印　刷	杭州杭新印务有限公司
开　本	880mm×1230mm　1/32
印　张	5
字　数	126千
版印次	2021年11月第1版　2021年11月第1次印刷
书　号	ISBN 978-7-308-21906-8
定　价	35.00元